爱上跑步的13周

〔加〕伊恩·麦克尼尔
加拿大不列颠哥伦比亚运动医学理事会 —— 著
潘小飞 —— 译

THE BEGINNING
RUNNER'S HANDBOOK

南海出版公司

新经典文化股份有限公司
www.readinglife.com
出　品

目 录 Contents

序

当你在路上开车或者在公园散步的时候往往会注意到：很多人选择跑步来保持或者改善他们的健康状况。跑步获得人们的青睐并不仅仅因为它对装备和地点的要求甚少，更是因为这种运动已被证实能够降低诸如心脏病、高血压、糖尿病、肥胖和抑郁症等疾病的发病风险，而要想获得这些益处，人们只需要每周花费几个小时即可。正因为如此，世界上成千上万的爱好者认为跑步是一种理想的锻炼方式。

本书主要针对那些需要锻炼方面的建议并且想跑步的人群。跑步看上去很简单，所以很多人都去尝试，并认为成功是轻而易举的；但是跑步初学者通常会因为训练强度过大或过于频繁而受伤。本书提供了中等强度的13周跑步行走计划和指南，热忱的跑步者能够从中获得一些非常关键的知识，这些知识将为他（她）在尽可能减少受伤风险的前提下一步步实现预定的目标提供保障。

本人曾经是一名奥运会长跑运动员，在过去55年中担任过几十名奥运会长跑选手的教练，我对跑步本身蕴含的价值深信不疑。同时，作为一名运动医学专家，我发现过去这些年，来我所在的诊所就诊的50多万病人中，大部分都是跑步者。如果遵循本书提出的跑步计划，他们很可能就不需要医生的治疗了。本书为初级跑步者提供了简洁准确的相关知识。我愿将它推荐给每位读者，希望读者能以此为途径，获得健康的身体，过上更美好的生活。

道格 · 克莱门特医学博士

引 言

这本书专门为跑步初学者而写，它是为回答初学者跑步时可能面临的一些实际问题而设计的。它会告诉你如何避免肌肉疼痛和受伤，并为你提供跑步动力方面的建议，帮助你树立切实可行的目标。最重要的是，它会提供一条成功的途径—— 一项经过实践证明的有效的跑步入门训练计划。

这本书的中心和灵魂是不列颠哥伦比亚运动医学理事会的培训计划，这项持续 13 周的跑步行走计划起源于温哥华太阳跑步赛（Vancouver Sun Run）——目前世界上最流行的 10 公里跑活动之一。太阳跑步赛在 1983 年创立时还鲜为人知，但是现在却吸引了成千上万的跑步者——2004 年有近 50 000 名参与者。但是随着活动参与人数的增加，组织者发现与跑步相关的损伤也发生得更频繁了。参跑者中的新手数量相当可观，他们当中很多人并没有做正确的训练和准备工作，而是受伤后才了解到安全跑完全程的一些必要措施，有的人干脆退出了比赛。

这一切清楚地表明，跑步之前得到一些专业的建议将使这些参与者受益。

本书中的跑步计划是由运动医学医生道格 · 克莱门特博士最先提

出来的，他曾担任加拿大国家跑步队教练，最近刚从不列颠哥伦比亚大学的艾伦·麦加文运动医学中心的主任职位上退休。在结束持续多年的治疗跑步伤病者的工作后，他决定制订一个跑步初学者能够接受并从中受益的训练计划。这项任务很简单：制订一个渐进的方案，在步行中穿插慢跑或快跑来帮助人们增强体格的稳健性，使他们能够在10 公里的路程中跑步、行走或慢跑都不受伤。

1996 年，该 13 周计划成为不列颠哥伦比亚运动医学理事会创立并管理的一系列社区跑步诊所的基础。当地的娱乐中心、健身俱乐部、基督教青年会和基督教妇女会都设有这种诊所。虽然该计划的核心部分是一样的（在走路中穿插慢跑或跑步），但是每个训练部分都经过了非常谨慎的微调。原训练计划经过 5 年不断的修正，最终超过 75 000 人使用它进行了实操训练，效果非常棒。经诊所的活动参与者推荐，我们决定把该训练计划呈现给广大读者。部分参与者认为这项训练计划为他们提供了一种前所未有的幸福体验，甚至改变了他们的人生。从这以后，世界上成千上万的人通过《爱上跑步的 13 周》实现了他们的跑步目标。

很多人证明了此项计划是行之有效的，他们一开始对跑步感到恐惧，但最终还是坚持了下来，达到了自己设定的目标。本书包含了这些跑步者的第一手叙述——他们的挑战、挫折、成功和失败。另外本书还提供了营养学、运动医学、运动科学、心理学和训练辅导等领域内专家的建议，以及奥运会田径教练、跑步专家莱恩·卡努夫的运动小贴士。

不管你是想通过跑步来减轻体重、缓解压力、戒烟、降低胆固醇水平、结识朋友还是仅想让身体更健康，本书都会帮助你达到目标。

你将学会正确的训练方法，从别人的错误和成功中吸取教训并学习经验。更妙的是，当你开始了这项训练计划，你能够随时参阅本书中的一些具体章节，比如关于激励、建议和强化的部分。拥有本书就像拥有了可以装在口袋里的私人跑步教练。此外，我们强烈建议你写日志，本书将会帮助你记录你取得成功的过程。

需要注意的是，当你翻阅本书并看到训练计划时，你可能会认为这项 13 周跑步行走训练计划非常容易。你可能会对成为一个跑步者为什么需要行走训练这个问题非常困惑。那是因为你的骨骼、韧带、肌腱和肌肉都需要一个缓慢的、渐进的热身来活动开，特别是在有段时间没有活动过的情况下；行走能够让它们适应跑步的强度。虽然你可能会受到一些诱惑而按照自己的想法去跑步，或者直接跳到下一步，但是你应该坚持按照计划来训练。没有什么魔法可以让你一下子成为一个跑步者，也没有什么通向成功的捷径或者秘诀。这项 13 周计划需要毅力和恒心。

我们确信，这个计划的确是行之有效的。即使你不准备去参加跑步比赛，你也可以下决心按照它去做。当 13 周结束时，你不仅仅会从心理上感觉自己变好了，身体也会变得更健康。谁知道呢？在人生道路上，你也可能成为一名跑步者。

1　为什么跑步

仅仅数十年前，跑步还被认为是疯子和怪人的行径，几乎没有人意识到它在健康方面的益处。健身的人会更健康、活得更长久的观点现在已被大众广泛认可，但是如何从科学研究的角度来对此进行严谨的证明，还是颇费了一番周折。

早先关注到锻炼与健康相关联的是英国研究人员 J.N. 莫里斯。他在 20 世纪 60 年代研究了伦敦公共汽车售票员和司机的患病率，以及邮局的邮递员和柜台办事员的患病率。他发现不停活动的售票员和邮递员心脏病发作率要小于那些长时间坐着的司机和办事员。此外，当售票员和邮递员心脏病发作后通常能够存活下来，而司机和办事员的生存概率很低。美国研究人员拉尔夫 · 帕芬伯格在 1968 年做了一个类似的研究，他比较了港口工人和码头办公室工作人员的健康状况。他的研究结果和莫里斯的一致：工人运动得多，活得也更久。这些研究引发了一个很重要的问题：为什么？为了获得这个问题的答案，你需要懂得一点人体如何运转的知识。

哈佛大学医学院公众健康学院在 1997 年的研究表明：一周跑步 2~3 次可以减少 20%~40% 的胆结石患病率。

哈佛大学 1997 年的一项研究表明：经常锻炼的女性雌激素水平低于不锻炼的女性。该研究结论表示：经常锻炼的女性患上乳腺癌和子宫癌的风险更小。

氧气的重要性

身体中每个活细胞都需要持续不断的氧气供给。氧气通过肺部被吸收到血液中，然后由血管系统运输到身体各个部分——绝大部分血管为静脉和动脉，一小部分为毛细血管。除了遗传因素外，运动和饮食也影响着一个人氧气运输系统的功能。

不幸的是，西方世界的人们不仅久坐不动，他们的饮食也通常含有过量的脂肪。这些脂肪进入到血液中后会以斑块的形式沉淀在动脉壁的缝隙中。经过长时间的积累，这些斑块聚集起来，最终阻止了携带氧气的血液进入心脏、大脑和肌肉等主要器官。如果心脏吸收的氧气太少，可能会导致心绞痛。患上心绞痛是一件非常痛苦的事情，在缺乏氧气供给的间隙，心脏会短暂地紧缩，随着氧气开始断续供给，它会恢复运动。但是如果氧气的输送被切断的时间够长，将会导致心肌梗死。

血液循环不良的另外一个后果是大脑血管堵塞，导致中风。如果轻度中风，部分缺乏氧气的脑细胞会死亡，通常会导致瘫痪或某些功能的丧失。更严重的中风可能致命。

几乎所有的肌肉运动都需要氧气。总的来说，它们活动得越剧烈，就需要越多的氧气。但是在一些能量需求激增的情况下，比如某人要逃离一头突然出现的灰熊，就几乎不需要氧气。那是因为人体产生能量的方式不是唯一的。

一个正常人1年心跳大概4 000万次。每天心脏会让4 000加仑（15 000升）血液在你的体内循环流动。心脏由肌肉组成，你应该通过锻炼让它强壮起来。

有氧和无氧系统

“有氧”这个词的意思是“在存在氧气的情况下”。当你走路、坐着、睡觉、吃饭、看电视或者看书时都处于有氧运动状态下，当你在理想的情况下锻炼身体时也是如此（之所以说“理想的情况下”，是因为如果你的身体处于有氧运动状态，它就能够产生能量以维持你长时间的运动）。简单地说，为支持肌肉运动，你所吸入的空气要和摄入的食物一起工作来产生能量。这和汽车的引擎运转需要汽油和空气一起工作的道理一样。

在有些情况下，你的身体需要被唤起以快速做出高强度动作——比如，当你突然发现自己处于熊和它的幼崽包围中时，就需要这种唤起以帮助你逃离危险境地。为了拥有逃生的机会，你需要在瞬间聚集大量的能量。这时候所谓的“无氧系统”就开始起作用了。顾名思义，“无氧”的意思是“在没有氧气的情况下”。和“有氧系统”需要氧气来产生能量不同，无氧系统利用的是肌肉中存储的“燃料”。

日复一日，你的身体通过有氧和无氧的共同作用来保证自己有足够的能量。你活动得越激烈，提供的氧气就越满足不了需求，你处于无氧状态下的情况就越多。这就是为什么你身处激烈运动状态时呼吸会急促起来：身体尝试着吸入更多宝贵的氧气来保持有氧状态。

每个人，甚至是一个训练有素的运动员，在某些情况下也是处于无氧运动状态的。举一个美式足球比赛中的外接员在奔跑中传接球的例子，当他（她）冲刺到边线以接到传球时，需要以无氧方式产生能量。当你变得更强健，你的无氧阈值（有氧能量和无氧能量切换点）会相应提高。

无氧阈值需要提高，因为如果你的能量主要源自“无氧”，你的运动就不能持续太长时间。根据身体强健状况不同，无氧能量的供给能够持续 5~60 秒。显然，它不足以支持你跑完一个 10 公里。

另外一个需要延长你的有氧活动状态的原因是，在无氧状态中，化学反应产生的乳酸会聚集在肌肉中。研究人员认为这导致了剧烈运动后的肌肉酸痛。同样，根据身体强健状况不同，你的身体需要一天或更长的休息时间来消除乳酸。

锻炼后感觉有点僵硬和酸痛并不完全是坏事，它是让你身体变得更强健的过程的一部分。13 周的跑步行走计划会在保证你的身体尽可能地处于有氧运动的状态下，慢慢地增强你的身体耐力。当你一步步地训练自己时，你会发现身体在高运动强度下也能够有效地（就是说，在有氧状态下）运转了。

跑步不仅会让心脏变得更强壮，而且能够锻炼你的血管内壁。更柔韧的血管壁可以帮助心脏更轻松地把血液输送到肌肉。

锻炼和健康

为什么锻炼能够让你更健康呢？

相对来说，锻炼身体的人血管中斑块较少，心脏病发作和中风的风险也就小。另外，一般来说锻炼的人的循环系统会得到改善，其中一部分原因是血管壁变得更柔韧，因此心脏把血液输送到肌肉不再是一件非常辛苦的事情。尽管血管中可能有一些障碍，但是这些障碍周围的血液循环会得以改善。（关于循环系统中的斑块是否会减少仍然存在很多争议，但是如果斑块周围的血液循环得以改善的话，这个问题就变得不再重要了。）

如果你经常训练，你肌肉中的毛细血管（那些运输养分和排出废

杰克

杰克是35年前开始跑步的。那时，他的心思都在专业足球运动员这个职业上，跑步看上去是改善耐力的好方法。他参加了1972年的第一届温哥华马拉松，是仅有的32名勇士（或者蠢货——当时有人这么说）之一。最终他的足球梦远去了，但是他对跑步的热爱却保留了下来。作为一名运动医学医生和学校运动医学中心的主任，杰克无法想象一周都没有跑步的日子该怎么熬过去。目前他60多岁，已经跑完了60多个马拉松，身体仍旧很强壮。

物的细小血管）数量就会增加，同时增加的还有线粒体（细胞中活的可以产生能量的颗粒）和线粒体中那些可以让你进行有氧运动的酶的数量。

锻炼可以激发身体产生内啡肽——身体内天然的止痛剂。内啡肽在结构上和吗啡非常相似，有一些证据表明人们迷上跑步是因为上了“内啡肽兴奋”的瘾。这样能让人上瘾且健康的东西很少见。

适度的锻炼还能够提高免疫系统的功能，这是通过增强 T 淋巴细胞的功能来实现的。这些细胞是免疫系统中的军蚁；它们冲锋陷阵，杀死入侵者。（但是请注意，如果你一直训练到身体彻底疲劳时，你实际上削弱了 T 淋巴细胞的作用。）在极限训练（比如马拉松）后的 24~48 小时内，你的呼吸系统非常容易受感染，例如可能患上感冒。

最后，锻炼能够缓解压力。这是通过让身体更迅速地代谢应激激素肾上腺素来实现的。肾上腺素是一种天然的双刃剑，它能够让你渡过难关，但是数量太多或者作用时间太长的话又会让你大伤元气。调节肾上腺素的分泌是锻炼的另外一个潜在好处。

跑步对皮肤非常好。跑步能刺激血液循环、输送营养并排出废物。因此，皮下脂肪会变少而且皮肤会变得更光洁。

更多健身的理由

有规律的锻炼可以激励人们采取更健康的生活方式：低脂饮食，适当休息，戒烟等，因为这样做会让锻炼更容易也会让人更愉快。

锻炼能够帮助你控制体重。许多人在变老的同时体重也在增加，一些人认为这是由于年纪增长新陈代谢变慢了，另外一些人却认为新陈代谢变慢的唯一原因是人在变老的同时活动量减少了（然而，一些人看上去什么都没有做却能终身保持苗条）。我们确切知道的是，大多数人发现有规律的锻炼计划加上健康的饮食习惯能够帮助他们减掉多余的体重。提到锻炼和饮食，对于那些锻炼的人来说，生命中会有一些额外的好处。即使体重对于他们来说无关紧要，锻炼（这意味着燃烧更多的卡路里）也可以为他们的饮食留出更富余的空间，吃更多想吃的食物，而不用担心这些吃进去的食物最终会留在腰部或臀部上。

健身的人会有一个更好的自我形象，一部分原因是他们看上去和自我感觉都更好，另一部分原因是他们对自己的活动能力更有自信。可能这也是为什么很多人相信健身的人能够成为更好的恋人吧。

霍莉

作为一名教师和两个孩子的母亲，霍莉感觉她一丁点儿锻炼的时间都没有。在有孩子之前，她是一个热忱的跑步者，但是过去的4年她完全被家庭和工作给消耗掉了，从来没有给自己留一点儿时间。当意识到需要做出一些改变的时候，霍莉和一个13周跑步行走诊所签订了合同。刚开始她非常害怕1周跑不够3次，但是和丈夫协商后，她的丈夫担负起了一部分照顾孩子的责任，她可以在孩子上床睡觉后立刻开始跑步。“重新找回自己的这种感觉真的很重要。找借口不去锻炼是很容易的。没有什么比去跑步更能激励我了，我认为跑步甚至让我成了一个更棒的妈妈。”

在任何情况下，健身都会让你变得更强壮，所以你会从很多体育活动中得到享受。一些人在孩子建议他（她）一起去公园踢足球时会感到非常厌烦，如果你是这种人的话，形体塑造能够同时改善你自己和孩子们的生活。有活力的父母会鼓励他们的孩子过一种更有活力的生活，不仅在孩子还小的时候，在以后的岁月也是如此。

在年纪增长的同时坚持锻炼是拥有长寿而健康的生活的最有力的方法。持久型运动比如跑步已被证实能够抵抗脑部、皮肤、头发、生殖腺（卵巢和睾丸）、肾脏、脾脏和肝脏等器官的衰老。甚至那些65岁之后才开始锻炼的人也能从中受益。

跑步能够降低血压和日常心率，同时提高好胆固醇的水平。

跑步的乐趣

有氧运动能够提高瞬时心率，从而改善心血管系统，降低心脏疾病患病率，改善循环系统和肌肉张力。它能够提供给你更多的能量，可以帮助减肥，改善睡眠质量，让你看上去和自我感觉上都好很多。但是在这么多的有氧运动中为什么要选择跑步呢？

对于新手而言，跑步是成本最低的运动之一。只要你投资一双好鞋，那就足够了。相对于高尔夫、滑雪、冰球甚至网球这些运动来说，跑步不需要担负场地、缆车票、垫子和球的磨损等费用。跑步也非常容易尝试。所需要的只是一双好鞋、一点时间和一个健康的动机。你可以随地实践起来。一些人喜欢沿着人群熙攘的街道跑步，另外一些人则喜欢在绿树成荫的公园里跑。一些人喜欢在夕阳西下的时候在海岸边慢跑，一些人则喜欢夜深人静的时候在冷清的摩天大楼之间奔跑。你可以独乐，亦可以与众同乐。你可以选择有挑战性的路线参加比赛，也可以只是追求个人的目标而毫不在意时间和长度，只是为了纯粹的快乐和好处而去跑步。

你可以一生都坚持跑步。经过适当的调整，你的身体在老年的时候仍然会很健康。跑步是一种可以与朋友同乐也可独乐的运动，不像网球、壁球、足球、曲棍球、篮球或飞盘这些运动一样需要别人的参与。你不必经历等待别人或被爽约的糟糕感觉。你可以独自热身，跑 20 分钟，放松下来，冲澡，然后继续享受当天的生活，就这样。

保罗

在保罗快 50 岁的时候，他的生活陷入了低迷。“我患上了风湿性关节炎,突然间又患上了抑郁症。”这个现在已经 56 岁的推销员说。为了他的健康和幸福着想，保罗的私人医生和精神科医生都建议他做更多的锻炼。保罗加入了一家行走俱乐部，这不仅使他动了起来，而且帮助他克服了积蓄起来的感情障碍。保罗发现自己走在了行走队伍的前面，这给了他开始跑步的信心，这之后不久，锻炼的益处和更健康的生活方式开始向他招手了。“跑步帮助我克服了关节炎，给了我从抑郁症中恢复过来的能量。它同时帮助我消除了我和别人之间的隔阂。”今天,保罗认为跑步是把他的生活串起来的纽带。“生病这件事给我敲响了警钟，我仍想再减一些体重，而且想跑得更快一点儿。”他微笑着说，“但至少我的体重没有增加，而且我现在跑得已经比开始跑步之前快多了。”

如果你的确是选择了独自跑步，那么跑步可以给予你一些生命中本来很难拥有的东西：远离一切烦琐，与内心单独相处的时间。如果你的工作很忙，拥有一个正在成长的家庭，那么你有时候可能感觉个人生活被侵占了。每个人都需要一些独处的时间，跑步就可以满足你。另外，跑步可以帮助你结交新朋友。如果你选择加入一个跑步组织，会遇到一些在别的社交场合可能没有机会遇到的人——那些兴趣与你截然不同的人。医生、码头工人、空姐、作家、工厂工人等由于共同的兴趣而在一起跑步。那些在一起跑步的人会平等地接受彼此。

跑步可以让你更好地认识自我。它能够让你认识到自己的极限并且给你突破它们的机会。如果你持续提高标准，跑步能让你享受到由巨大的进步而带来的喜悦感。跑步需要你付出承诺和决心，保持渴望和树立自我价值感，也会促使你努力工作。试想一下你人生中还有多少别的方面也能因此从中获益。

不常活动的话，血液会过多淤积在腿部，可能会导致静脉曲张。锻炼可以帮助静脉血液在被输送到身体的各个部分之后有效地流回心脏。

那些经常锻炼身体的人日常心率和血压较低。他们对压力更不敏感，而压力会导致心率和血压的上升。

小结

1.13 周的跑步行走计划可以慢慢地提高你的锻炼耐力。在你一步步地训练自己后，你会在更高的强度下进行有氧运动。

2. 锻炼能够降低你心脏病发作和中风的风险，活跃免疫系统、缓解压力。

3. 锻炼身体能够帮助你控制体重。那些经常锻炼的人自我形象更好。

4. 跑步是一种极好的锻炼身体的方式。你所需要的仅仅是一双跑鞋。

5. 你可以选择自己跑步或者加入一个群体。实施跑步计划需要毅力，而这种毅力可以在你生活的方方面面帮助你。

2　为跑步做好准备

大多数人都可以系上鞋带，开始一项跑步计划。你不必担心跑步会引发心脏病、加重背部病痛或引发一些其他的疾病。不过，也有一小部分人在开始任何锻炼之前都应该咨询医生的意见。

确定你是否需要医疗指导的方法之一是进行体格准备测试。加拿大运动生理学协会研发了一项很好的测试程序，即体能活动适应能力问卷，简称为 PAR-Q（见第 34 页）。如果你对问卷中的所有问题都回答“否”（你最好诚实地回答这些问题），你就可以开始进行训练计划，不用担心会因运动而受伤。

如果你对其中一个或多个问题答了“是”，你应该在开始训练计划之前和你的医生谈谈。

如果你想对你的体能状况有一个更准确的评估，可以让你的医生给你做一个身体预锻炼医学体检（简称为 PARmed-X）。这项专门的检查内容包括一些有用的建议，比如，不同身体状况的人做什么类型的锻炼是安全的。针对想锻炼的孕妇，体检中心备有特殊的检查工具。孕妇锻炼太少有害无益，但是使用一项有资质的专业程序评估一下是明智的。

锻炼的 3 个原则

一旦你准备开始一项锻炼计划，就需要记住 3 个锻炼原则：适度、一致和休息。这些原则非常简单，如果让它们伴随着你的生活，你会发现，积极运动的生活会比那种慵懒的经久不动的生活要愉快得多。你也将踏上一条很长的学习避免受伤的路，因为受伤可能会让你数月甚至数年的努力付之一炬。

当然，遵循这 3 个原则生活并不一定会让你完全不受伤或感到疼痛。但是，这些原则可以帮助你更轻松地提高健身水平，同时你的身体不会承受过重的压力。

原则 1：适度

慢慢开始。甚至在你已经通过别的运动令心血管健康水平达到良好的情况下，你也应该遵循这个原则。或许你能够完成环法自行车赛或者能游泳穿越英吉利海峡，但是这些经历并不能让你成为跑步者。即使是有经验的跑步者（和行走者）也需要注意避免过量的运动。那是因为特殊的肌肉骨骼应力的存在，而它是跑步这项运动所特有的。

人类的心血管系统比肌肉骨骼系统强壮得多。在合理的压力下，心血管系统会立即做出响应，并迅速强化，让身体有能力运输更多的氧气到那些缺氧的肌肉中。不幸的是，你的骨骼、韧带、肌腱和肌肉并不能相应地做出调整。开普敦大学锻炼科学和体育医疗研究部主任，《跑步受伤》（*Running Injuries*）的作者之一蒂姆·诺克斯说："如果合理运动，那么经过大概六个月的训练后，你从技术上已经能够跑一个马拉松了，但是你的骨骼还不能承受这样的强度。"他认为那些以前并不积极锻炼的人如果一直强忍着坚持训练的话，他们中的大部分在开始的 3~6 个月会非常容易产生应力性骨折。换句话说，你的心肺可能会催促你继续跑下去，但是你的骨骼、韧带、肌腱和肌肉却想让你缓和下来。

很多一开始怀有良好意愿的人会因为训练过度而偏离训练计划。他们中许多人制订了保持形体的新年方案，并在新年的前几周涌向健身中心，但是很多人在春天来临的时候退却了。那些没有受伤的人也会为自己过于严苛的训练方案而感到气馁。

尽管人体能够承受相当多的压力，但是你必须慢慢地施压以避免受伤。这也是为什么我们建议你不要在施行本书中的训练计划时跳过前面几步，尽管一开始它看上去对你来说可能有点小儿科。跳过训练计划不会让你更快地强壮起来，相反还会增加一些风险，比如肌肉和关节酸疼，或者引发更糟糕的状况。

原则 2：一致

如果说适度是锻炼的第一原则的话，那么一致就是第二原则。违反原则 1 的人常常也会违反原则 2。下面举一个实例。你决定要为了健美的体形而锻炼，因此你走进健身房，或者开始跑步，运动中你竭尽所能，但接下来的一周你觉得自己像被一辆卡车碾过一样。在刚刚恢复到能进行下一段训练之前，你又强迫自己开始过度训练以弥补浪费的时间。这种训练根本不是训练。它给你带来的更多是伤害而不是好处，因为它让你感觉更糟糕而不是更美好，很快，平日的感觉袭来，逐渐破坏了你的计划。最终你放弃了训练。

一致性这个优点怎么形容都不过分。当你的训练保持一致的时候，你的身体会有更多的时间来适应训练的强度。更重要的是，如果你保持一致，就没有必要去弥补浪费的时间。一两天额外的艰苦训练不能弥补那些错过的训练课程。实际上，你更可能让你的身体处于过高强度的压力之下，你会发现自己又回到了原点——或者更糟糕，生病或者受伤。

同时，花更多的时间打好健身基础，你的身体就会更有安全保障，这就意味着你可以随时休息一下，而不会破坏整个训练计划。

如果你认真思考原则 1 和原则 2，就会很容易明白为什么健身的人把训练当成他们生活中的一部分。这种训练无止境的想法可能一开始看上去让人畏惧，特别是在你发现自己最初的尝试就非常困难的情况下。但是一旦你的身体和意识开始从训练中受益，你就会发现自己渴求训练。与强迫自己去训练不同，你会为什么时候才有机会再去训练而担忧。如果健身的人在某天急切地想要系上鞋带去跑步，那么他们通常达到了一定境界。

原则 3：给身体休息的时间

休息会给你的身体时间和能量去适应你训练量的一些变化。一旦你的身体适应了，你会变得更强壮、更有效率。计划好休息和训练后恢复的时间，确保把每周的训练内容均匀地穿插在一周中，而不要在短时间内一口气完成。以对待训练课程的方式来对待休息，将它当成一种对你的训练计划和幸福感非常重要的有意识的身体活动。休息并不是避免运动这么简单；它是一个能够让你的身体从疲劳中恢复过来的合理周期。

跑步和健身的一个益处就是它能够很好地调节你的免疫系统，帮助你的身体更好地打败入侵的细菌、病毒和毒素。

在哪里跑步

跑步这项运动的伟大之处在于你可以在任何地方实践它——在公路上，在公园里，围绕跑道，穿过乡村或者固定一个地点。尽管如此，如果你能够选择的话，最好在柔软的地面上跑步，这样会减少骨骼、韧带、肌腱和肌肉中的应力和紧绷感，让你跑得更愉快。

关于跑步地面，柏油路面相对于混凝土更可取一些，而土壤则更好一些，因为它能吸收更多的冲击力。如果说混凝土是最糟糕的表面，因为它不会吸收任何冲击力，那么草皮或者橡胶跑道很可能是最好的，主要是因为它们能够吸收大部分冲击力。一些跑步者觉得跑道很单调，但是草地上可能隐藏着洞穴或者树根，它们可能会绊倒你。仔细考虑你的选择吧。

越野跑

越野跑正在成为跑步这项运动中成长最快的一个分支。越野可以在水平的路线上进行，也可以有数百英尺的起伏。在柔软的天然地表上跑步对你的生理和心理都大有益处。从物理学角度来讲，野外能够提供更柔韧的地面，从而减少跑步对关节的冲击。从心理学角度来讲，越野跑也能够减少你在常规跑道上常感受到的无聊。这是一种离开跑道、走出健身房、走进大自然的极好方式。记住，你的身体需要适应野外：更柔软的地面能够吸收更多的能量，因此一开始你不得不更努力一些。

越野跑安全提示

• 未经训练不要制订太长的跑步路线。

• 不要独自去冒险。

• 搞清楚路线，注意脚下位置。

• 让别人知道你要跑去哪儿，预计跑多远。

• 尊重天气和天气预报；即使跑短途，也要为坏天气和寒冷做好准备。

与脚有关的问题

制鞋业在过去 20 年来已经有了很大的发展，今天，现代的鞋不仅能够帮助我们克服各种脚的缺陷，而且能够大幅度减少由跑步而引起的身体震动。

赤脚跑步

早在跑鞋出现之前，人们在自然的环境中赤脚跑步。比如，隐居在墨西哥铜峡谷中的塔拉乌马拉人，好几代人几乎赤脚就能完成超级马拉松距离的跑步。虽然很少有人赤脚参加跑步竞赛，但是一些不穿鞋的跑步者已经取得了巨大的成功：埃塞俄比亚的阿贝贝 · 贝基拉在 1960 年意大利罗马夏季奥运会上赢得了男子马拉松比赛，他完成比赛的时间是 2 小时 15 分；20 世纪 80 年代南非的佐拉·巴德两次打破了女子 5 000 米比赛的世界纪录，她也是两次世界越野锦标赛的获胜者。如今，关于赤脚跑步的宣传越来越多。据巴黎矫形实验室温哥华分部生物力学主任克里斯托弗·麦克莱恩所言，这一热度始于 2009 年春天克里斯托弗·麦克杜格尔的新书《天生就会跑》的出版，这本书讲述了塔拉乌马拉人跑步的特技，出版后激起了大家的兴趣。同年秋天，凯西·克里根博士等人研究发现，穿跑鞋跑步，作用在膝盖和臀部的压力相对于光脚跑步的要多。媒体因此下结论说，不穿跑鞋跑步会更健康。但是麦克莱恩认为我们应该谨慎看待这些研究结果，“增加关节的运动可能会更健康一些，这是和个体的运动水平相关的”。

随着更进一步的研究，现在已有一些证据证明了光脚跑步有很多益处，这些益处包括本体感觉（脚和踝关节感知运动和相对于身体其他部分的位置的能力）的增强和这些小肌肉群的强度和活动能力的增加。

内旋和外旋

温哥华“女士体育”品牌所有者菲尔·摩尔拥有大量运动鞋方面的专业知识。他相信人类的脚具有非常好的适应能力。“从力学角度来讲，后脚跟和前脚掌作用于不同的平面。当你的后脚跟着地时，脚部的骨骼处于放松状态。这样做可以吸收震动又可以适应不平整的地面。如果你的动作有效且正确，脚部就会工作得很好。”

不幸的是并不是所有的脚都能正确地发力，摩尔说他见过的有问题的脚大概有 95% 是受到“过度内旋”的困扰，“过度内旋”就是说脚倾向于向内转动的角度过大。（注意问题是“过度内旋”。脚部通常会自然地向内旋转，如果不是这样的话，它就不能及时吸收跑步过程中的震动。）

“过度内旋”脚可能会导致一些问题，不仅是脚部本身的问题，还会影响腿和后腰。在鞋类设计像今天这样成为一门科学之前，“过度内旋”脚被称为扁平足，那些有扁平足的人会被军队拒之门外，因为他们通常不能长距离跑步。如果你站起来，人为地贴平脚部的话，你会注意到膝盖开始向里移动了。如果以这种方式跑步的话，膝盖会运行不佳，关节也会出现问题。扁平足也会给后背施压，导致背部疼痛。

与内旋相反的是外旋，在重力载荷的作用下，脚弓伸展得不够平整。如果你不幸出现这种罕见的情况，你会倾向于使用脚的外边缘行走。

一些人脚部生来没有什么问题，但后来受了些损伤。比如，孕妇的体重可能导致她们的脚变得扁平，特别是如果她们常常穿凉鞋的话。通常情况下，人们年轻时柔韧性好，不会注意到脚部的问题，但是当他们变老的时候或者在跑步时脚部担负更多的压力时，那些问题就会显现出来。

内旋是脚弓在重力的作用下变平的动作，会引起脚向内转动。一些内旋是正常的，可以让脚部吸收震动力。但是，过度的内旋，会损伤脚部、膝盖、小腿、大腿和髋部。

在重力作用下如果脚弓不能伸展得足够平整，会发生外旋。如果你患上“过度外旋”——这种情况很少见——就会倾向于使用脚的外边缘行走。

跑鞋发展趋势

在过去的十多年里，跑鞋最大的趋势是朝中性方向发展。“一开始，跑步者认为跑鞋有更多的稳定性是一件好事情，最终，鞋子对跑步者产生了矫枉过正的效果。”联盟竞技合伙人、温哥华“合适的鞋”店老板兰德·克莱门特说，“中性鞋结束了为大多数人提供充分支撑力的时代。”有更多支撑力的鞋容易很快被穿坏，从而导致了更多的受伤现象；现在，总的来说鞋的结构日趋简单，但适用性更强。正如他所指出的，那些用矫正器的人对中性鞋的销售有很大的影响。一双牛皮鞋中的矫正器是没有意义的。中性鞋中的矫正器能让跑步者既有足够的稳定性又不会被过度矫正。

马歇尔

马歇尔在他57岁的时候遭遇了第一次心脏病发作。“我猜你想知道这件事积极的一面，”他说，“这有点像一次叫醒电话。”这个狂热的网球选手在打完一场特别艰难的网球比赛后倒在了浴池中，他计划在未来的生活中彻底放松下来。“我知道锻炼可以预防心脏病，但是我想一旦倒下过一次，就不能再继续了。”

他的医生不同意他的观点，鼓励他改变生活方式，停止那种三天打鱼两天晒网的锻炼节奏。“他告诉我，我能够参加比过去更多的训练。这是一个慢慢的重建过程，一些事情是我以前的生活中没有经历过的。”他的营养师对他的饮食作了很大的调整。心脏病发作六个月后，马歇尔更健康了，他1周跑3次步，还能参加比以前强度更大的网球赛。

兰德·克莱门特总是被问道："我能穿上我的时髦运动'街'鞋跑步吗？"他的回答是："原则上没问题，但是随着当今鞋子的极简化风格演变，这个问题就不再那么容易回答了。至少，它应该是一双运动鞋。"最重要的是，鞋应该有一些功能，比如缓冲或者支撑。他建议你把鞋拿到跑步商店让店员看一看。"通过这种方式，跑步初学者能够在店铺里找到合适的鞋子，也能够知道他们的时髦运动'街'鞋是否适合跑步。"

今天，许多高水平的田径运动员的部分训练是光脚进行的。他们在没有碎石或者其他路障的跑道或者野外跑步，有时会穿一双极简风格的鞋，这种鞋能够保护他们的双脚，但是没有现代跑鞋通常都有的缓冲装置。光脚跑步和穿极简风格的鞋已经成为一种不会过时的时尚，所以许多生产专业跑鞋的公司都推出了极简风格的鞋。那么，光脚跑步真的那么好吗？

和兰德·克莱门特观点相似，麦克莱恩博士解释道："穿一双设计合理的跑鞋可能是最健康的跑步方式了，这样的跑鞋从跑步者的脚型和生物力学这两方面来说应该是最合适的。选择极简风格的鞋之前应该咨询一下足部护理专家、跑步教练或信誉良好的专业跑鞋零售商。"

"对跑步初学者来说，"麦克莱恩博士说，"鞋不是关键因素，跑步方式才是最重要的。举例来说，有证据表明，如果跑步的步频（每分钟跑的步数）增加了，那么作用在髋关节和膝关节上的扭矩（旋转的力）就会降低，或许可以降低你受伤的风险。"一般来说，尽管你可以选择任何一款鞋，但是极简风格的鞋和光脚跑步只适合那些高水平的、能够避免受伤、能够在安全的环境中训练且在维护良好的跑道或野外跑步的跑步者。麦克莱恩博士说："你可以购买这些鞋，但是你需要按照训练计划来慢慢适应它们。不要一时冲动把你带缓冲装置的鞋扔到垃圾堆里！如果你真的非要尝试最新时尚的话，那就穿着那双极简风格的鞋跑 10 分钟，然后就适可而止吧。”

塑身鞋是一款鞋底上有一个非常明显的圆形凸起的运动鞋。许多公司宣称这种鞋可以改善身材，消除背痛，甚至还能够收紧大腿和臀部的肌肉。根据许多专家的意见，这种鞋并不适合跑步，但是可能会使一些行走者受益。这种鞋的前端非常高而后跟却很低，这种设计模拟了跑步者站立在摇板上或表面凹凸不平的地方的情形。它们能让你在试图保持平衡的时候拉伸腿后部的肌肉。如果你的前脚掌有问题，这种鞋可以为你提供一个自然的滚动运动，这种情况下你的脚可以弯曲得少一些。对于那些前脚掌没有问题的人来说，它们也不会对脚的弯曲有什么负面影响，也不会导致受伤。

选择一双好鞋

当你跑步时，每只脚每跑一英里大概接触地面 800~1 200 次（每千米大概 500~750 次）。起初，落在你脚上的重量为你体重的 1.5~2 倍，但是当你跑得更快时，冲击力能够达到你体重的 4 倍。正是由于这个原因，你的鞋需要增加缓冲，尤其是在脚后跟的位置。脚弓也必须得到足够好的支撑。女士们要记住，一般情况下你们的脚要比男士的窄一些，所以你们穿男款跑鞋可能会有一些不便。幸运的是，制鞋商已经意识到了这个市场的存在。好的跑鞋公司现在都会为男士和女士提供独立的样式。有一些公司，比如新百伦（New Balance），还会提供不同宽度的鞋。

你的脚部可能已经出现了伤病的征兆。你可能从来没有买到过合适的鞋，或者无论你走多久，都感觉脚上、腿上或者下身有各种疼痛。现在可能会有一款鞋能够帮助你克服这些困难。寻找合适的鞋的最好方式是去一个好的跑鞋商店，然后让跑鞋专家量一下你双脚的尺寸。一旦你有了这些信息，就能够为自己的脚选择款式正确的鞋子了。

稳定型跑鞋能够帮助你矫正或保持落脚的方向，能够让你有效率地跑步，并且不会感到疼痛。如果你的脚过度内旋，你需要一双能够提供额外支撑力的鞋，这样你的足弓才不会被过度拉伸。有时鞋子本身就可以提供足够的支撑；有时你不得不添加一些矫正工具（比如鞋垫）。这些工具可以从运动医生或足科医生那儿获得。当你发现一双非常适合自己的鞋时，你可以一直坚持穿这种款式，因为跑步者在更换鞋型后通常会产生一些问题。

选择跑鞋时，非常重要的一点是要考虑你跑步场所的路面类型。如果你有一双正常的或者“中性”的脚，在小路上或者不平整的地面上跑步时，你可能还是需要一双能提供更多支撑力的鞋，因为在这些地方更容易扭伤脚踝。

鞋的质量有很大的差别，没有两双完全一样的鞋。（据说周一和周五造出的汽车瑕疵更多，对于鞋来说这种情况可能也是真的。）买鞋之前要好好检查一下，就有问题的鞋的退货规定好好询问一下零售商，因为通常鞋只有在试用过后才会发现问题。如果你对零售商的政策不太满意，那就去别的地方买吧；大多数质量好的跑鞋的制造商会为他们的产品提供质保。当你把鞋拿回家后，记得作一些常规的检查，这样才能发现一些可能导致受伤的问题。

行走相对于跑步来说对脚部施加的力更少一些，但是穿一双不合适的鞋子走路同样会引起疼痛。你的脚不只是在行走锻炼期间，而是在你人生的每一步里都会支撑着你的身体。舒适的、柔韧的、轻便的行走鞋会附带缓冲鞋底、良好的脚弓支撑系统以及结实的鞋托，而且会给脚趾一点额外空间，所以是非常值得投资的。

提示：如果你有一双

·“正常”的脚，选择一双能提供稳定性、带有适度控制功能和半曲线型内底的鞋吧。

·“扁平”的脚，试一试提供运动控制功能或稳定性的鞋吧，这双鞋要有牢固的鞋底夹层和直线型或半曲线型的内底。

·脚弓高的脚，穿一双中等缓冲的鞋，这双鞋要有很好的柔韧性（避开具有运动控制功能的鞋）和曲线型的内底。

选择你的衣服

衣服对跑步来说并不是最重要的，但也不是毫不相干。着装应该跟随着天气的变化而变化。商店会提供许多华丽的跑步服装，但是首先请考虑舒适性。

如果你幸运地生活在一个既不很热也不很冷的气候中，就要避免穿得过多。当你跑步的时候身体会热起来，刚开始跑步的时候穿一件夹克你会感觉很舒服，但是跑了一段时间后就会发现它令人窒息。如果你体温过高，就会通过出汗损失很多体液，从而脱水。一个好方法是穿几件衣服，这样你可以通过调整衣服件数来适应天气条件。你很快就会发现，汗水浸湿的棉T恤粘在皮肤上是让人非常不愉快的。

过去的十几年来，跑步和锻炼的服装已经有了巨大的改进。今天，高科技的运动服装主要是用合成纤维制成的，轻便的跑步T恤、运动文胸、短裤和裤袜都是由以尼龙和聚酯为基础的多层材料制成的。"女士体育"老板菲尔·摩尔说："这些编织物的纹理设计可以让湿气从皮肤上发散出去，而不是被吸收到衣服内。棉织品则是另外一种效果，它能够吸收它自身重量7倍的水，导致冬天穿更冷而夏天穿更热，而且这种衣服湿透后会很重。棉花会老化，容易膨胀或收缩而导致衣服变形。"摩尔还提到："新材料使用亲水和疏水层，采用磁体技术，甚

安娜

安娜在开始13周跑步行走计划之前颇受后背疼痛的困扰，她没有想到这会影响自己完成训练课程。但事实证明，这位35岁的文体治疗师的想法是错误的。大约6周后，她的一只膝关节也出现问题了。"我完全崩溃了，"她回忆说，"我想跑步不适合我。"

她本想退出这项计划，但后来以几周的行走计划进行调节（请看不列颠哥伦比亚运动医学理事会的《行走健身：初学者指南》）。她拜访了一位理疗师，后者让她参加游泳和自行车运动以强化她的膝关节。"我3周后又回到了跑步行走计划。尽管最开始尝试跑步的时候我习惯了跑在队列的前面，但是现在我必须要习惯跑在队伍后面，不过我一点儿都不在意。我发现我自己和所有因为社交原因加入这项计划的人一样，只是想，嘿，如果完成训练了，那就算棒极了。我得到了他们的大力支持。"

安娜和她原来的跑步组成员一起完成了这项跑步计划，后来参加了一项10公里赛跑比赛，成绩是1小时20分钟。

至用银或铜纤维来驱除湿气，调节温度，增加透气性，减少异味。天然的材料比如美利奴羊毛也能够带走水分和减少异味。所有这些改进都让人们可以在不同温度和天气下更舒适愉快地跑步。”

女性跑步者可以考虑穿着运动文胸，因为运动会导致乳房晃动。乳房由脆弱的皮肤组织以及在晃动情况下能够被拉伸的韧带支撑，容易下垂。目前大多文胸不能阻止乳房晃动，但是运动文胸是例外。如今的运动文胸设计得非常好，甚至可以单独穿在外面，在炎热的天气下会是不错的选择。你需要的文胸应该是舒适贴身的（为了控制晃动），在设计上要能让文胸和乳房之间的相对运动最小化（消除摩擦）。大胸的女性应该戴全罩杯文胸，小胸的女性可以选择背心式文胸。不要选择带接缝的文胸，它们会刺激乳头。要确认文胸上任何硬的部分都有足够的缓冲。你可能更喜欢宽肩带文胸，因为运动过程中窄肩带可能会从你的肩膀上滑落。很多文胸款式都可以通过调整肩带来适配你的身体。最后，确保你的胳膊有足够的空间可以自由伸展。

重申一遍，请选择能够排出湿气的文胸材质，不管它是什么品牌；紧贴你身体的那层材质不能是棉的，而应该是人工合成的。

很多人喜欢在寒冷中跑步，因为这样他们才能保持较低的身体温度，有些日子的天气看上去可以让人一直跑下去。当然，你也不想感觉太冷。外套应该由可透气的防水材料，比如戈尔特斯（Gore-Tex，它目前仍然是市场上纤维材料的“黄金标准”）制成。注意不管衣服透气性有多好，如果你出汗太多，还是会降低它排散水分的能力。竖立的衣领可以保护你的颈部——它对寒冷特别敏感；也可以考虑穿一件高领衫。分层非常关键！先穿一件合适的能够排出湿气的贴身衣服，然后是松散的合成材料层，最外面是轻便的羊毛织物和防水外套，当然具体的穿着要根据当时的温度和雨水条件来决定。因为70%的身体热量是通过你的头部散失的，所以戴个帽子。手套能够防止双手冻僵。如果你穿袜子（一些跑步者不穿），请选择能够通过毛细作用排出水分的面料。一些跑步者穿两双很薄的袜子或一双两层袜来避免脚起泡，也可以避免摩擦敏感的皮肤。

棉花是百分之百的天然材质，但是它并不是出汗时理想的贴身衣物，因为它可以吸收水分。所以请选择人工合成材料，它们能把你皮肤上的湿气排走。

小结：

慢慢地开始。按照训练日程去做。

按照自己的能力去训练。按照自己感觉舒适的强度跑步，而不要强迫自己跑得更快。

积极地思考。把精力集中在让你感觉良好的东西，而不是让你不舒服的东西上面。

计划好时间。为跑步专门留出时间，保留好这个时间，不要让你的训练和别的计划产生冲突。

自我鼓励。训练完成后，用点时间感受并记住这种良好的感觉，作为下次倦怠时的动力。

树立目标

各个领域中的成功人士都有一个共同的特征——他们为自己树立了切实的有意义的目标。没有人可以在仅仅训练 1 周后就安全地完成 10 公里跑步。

心理和身体一样，需要适应新的健身强度。如果你为自己树立了不实际的目标而又没有完成，你一定会变得非常气馁，甚至会退出。为什么不设立一个切实的目标，然后以训练身体的方式来训练心理呢？在这个 13 周的跑步行走计划中，切实的目标已经为你定好，它被很多人尝试过，的确行之有效。下决心按照计划去做吧，你会成功的。

这并不意味着你在执行这个计划的过程中不会动摇信心和决心。成为一个跑步者的过程实际上是与心理和身体不断作斗争的过程。按照这个 13 周计划你可以同时训练自己的心理和身体。你会面对那些别人都经历过的困难，也能成功地克服它们。

小结

1. 记住训练的 3 个原则：适度、一致和休息。

2. 去跑步商店选择跑鞋，让店员评估一下你的脚，帮助你选择一双适脚的，同时又满足你的生物力学特征的跑鞋。

3. 选择一件在寒冷天气下穿的跑步夹克，还有由人工合成材料制成的 T 恤、短裤和袜子，它们能够排出水分，让你保持干燥。

4. 为了成功完成你的训练，要慢慢地开始，按照自己的能力去训练，积极地思考，每次训练课后进行自我鼓励。

体能活动适应能力问卷-PAR-Q（2002年修订）

体能活动适应能力问卷

（针对15~69岁人群的问卷）

适量的运动让人快乐而且健康，越来越多的人开始身体锻炼。对大多数人来说，这样是安全的，但是对一部分人来说，在开始更多的身体锻炼之前应该让医生检查一下。

如果你计划在将来进行更多的锻炼活动，请回答下面的7个问题。如果你的年龄在15岁到69岁之间，该调查问卷会告诉你是否需要在开始锻炼之前让医生检查一下。如果你超过了69岁，而且还没有习惯于经常运动的话，请先让医生检查一下。

是	否	
☐	☐	1. 你的医生曾经告诉过你，你的心脏有问题，只能做医生推荐的运动吗？
☐	☐	2. 你锻炼的时候感觉胸部疼痛吗？
☐	☐	3. 上个月，在你没有锻炼的时候感觉到过胸部疼痛吗？
☐	☐	4. 你曾经由于头晕而失去过平衡或者失去过意识吗？
☐	☐	5. 你的骨头或者关节（比如背部、膝关节或者脚后跟）在锻炼身体的时候会感觉不适吗？
☐	☐	6. 目前医生还在让你吃药来控制你的血压和心脏问题吗？
☐	☐	7. 你知道一些别的你不能进行锻炼的原因吗？

如果你对其中

任一个或一个以上的问题回答了“是”

那么在你开始更大强度的身体锻炼或者健身评估之前，请和你的医生电话或者当面交谈。和你的医生谈谈这个体能活动适应能力问卷以及哪些问题你回答了“是”。

你可能可以做任何自己想做的锻炼活动——只要你慢慢开始并逐步增加强度。或者，你可能只能做那些对你来说安全的锻炼活动。和你的医生谈谈你想参加的体育活动，听取一下他的意见。

寻找一些对你来说安全而且有用的社区锻炼计划。

如果你对所有问题都回答了“否”

你就很有理由相信自己可以：

· 开始更大强度的锻炼活动——慢慢开始并逐步增加强度。这是想要进行下去的最安全和最容易的方法。

· 进行一个健身评估——这是鉴定你的基本健身能力的非常棒的方法，这样你就可以为自己做一个最好的锻炼计划。我们强烈推荐你测量血压。如果你的读数超过144/94，在开始更大强度的锻炼之前和医生谈谈。

推迟更大强度的锻炼活动：

如果你不巧患上了诸如感冒或发烧之类的病，等你感觉好一些了再开始锻炼；

如果你正处在或者可能处在孕期，在开始更大强度的锻炼之前和你的医生谈谈。

请注意：如果你的健康状况发生了变化，使你对上述7个问题中的任何一个回答了“是”，请告知你的健身或者健康专家，询问你是否需要改变你的锻炼计划。

使用PAR-Q须知：加拿大运动生理学学会、加拿大卫生部以及它们的代理对任何参加锻炼活动的人都不承担任何责任，如果在完成这个调查问卷后有任何疑问，请在进行锻炼活动之前咨询医生。

注意：对于所有在开始锻炼活动计划或者健身评估之前使用这份体能活动适应能力问卷的人，下面的部分可以作为合法性和管理目的来使用。

“我已经阅读，理解，并且完成了这份调查问卷。以上问题的答案均出自本人意愿。”

姓名 ________________________________

签名 ________________________________

日期 ________________________________

父母或监护人签名（对于未成年人）________________

见证人 ________________________________

注意：该锻炼活动免责书有效期为从调查问卷完成日期到第12个月，在你的身体状况发生了改变即你需要对上述7个问题中的任何一个回答“是”时，不再有效。

3　在路上

这项 13 周跑步行走计划是一个健身模板，已有上千人使用它成功地准备了北美地区最大的跑步行走赛事之一——温哥华太阳跑步赛。你将要执行的训练日程会慢慢开始，以帮助你建立力量、耐力和信心。接下来的 13 周训练将会改善你的健康和体格情况，并且让你避免受伤。如果可能的话，找一个或几个朋友和你一起训练，这样会更有意思，也会更有动力。

每节训练课程会被分割成一些跑步和行走的区段。这些区段从时间长度上来讲，足以达到让你进步的目的，但不会长到让你感觉精疲力竭或者痛苦。另外还有一些心理方面的好处：每个区段所包含的任务相对来说都很容易完成，这样的话就会给你继续下去的信心。

仔细研究一下这项训练计划，要计划好你的目的地以及需要花多长的时间到达那里。要记住，训练课程的时间包括热身和运动后放松的时间，这一点非常重要，在训练课程的开始前和结束后都需要 5 分钟的时间来做这些活动。随着训练周数的增加，跑步相对于行走的比率会上升，到最后一周将会只有跑步。

你需要注意 6 周后新的跑步行走这一选项。那时我们会鼓励你去考量身体对训练适应的情况，如果那时你还能坚持的话，我们推荐你继续进行剩下的跑步行走训练。你要准备完成 10 公里距离的训练，但是你需要采用跑步行走结合的方式而不是仅仅跑步。当在第 2、3 周时，你可能会感觉很舒适甚至想直接跳到几周后的训练计划。但是你的骨骼、韧带、肌腱和肌肉适应训练的情况远不如你的心血管系统；为了避免受伤，你应该给它们足够的时间适应。如果训练计划执行到一半就受伤了，你会感觉无比沮丧。

安排好每周 3 次训练课程的时间，让休息日穿插在课程之间，而不要连续几天都安排训练。许多人发现从周末开始一周的训练是很有帮助的。选择一条很有诱惑力的跑步路线同样也是有帮助的，比如尽可能选没有行人和汽车等障碍的路线。要想到跑步是“有去有回”的，所以，在到达一半的路程时回头吧。

一件你无论如何都需要的装备是带有秒表功能的运动手表。数字手表尤佳，当你在跑步时看一眼就能够知道大概的时间。

保持写训练日志的习惯

许多健身爱好者都有写训练日志的习惯，运动员通常有过去 10 年甚至更长时间的训练记录。这些记录能展示他们的训练情况随着时间发展的整体变化趋势。如果你决定保持记日志的习惯，最开始你可能会觉得这让人困扰，但是如果你坚持记录细节，比如饮食、睡眠情况、热身和拉伸身体的时间、在什么时间跑步、跑去哪儿、跑了多远等，你会发现自己开始了一种新的健康的生活模式。

你可能发现你甚至开始记录自己的想法和感受了，这样做真的会带来好处。许多跑步者说跑步的时候是他们头脑最清醒的时候，并且在以后的日子中你会发现这些想法是值得回顾的。这样做一两年后，你再回头看这些旧的训练日志，当你看见日志中描述了当初你好不容易才跑完 500 米时，你会不由自主地笑一笑——现在你可以轻松跑完 5 000 米而不费吹灰之力。

许多人发现记日志能够激励自己去跑步。如果你觉得离开沙发是一件困难的事情，那么就打开你的训练日志，翻阅那些记录着你所有努力的页码，一直翻到空白页——只有在你完成当天的训练课程以后这一页才能写满。大多数时候，这样的方式足以让你系上鞋带。

在你的日志中记录疼痛和痛苦，这些内容能够帮助你避免再次受伤，或至少可以让你从疼痛中更好地恢复。需要注意的是，你的疼痛和痛苦可以促使你在真正受伤之前了解导致这些疼痛的原因。如果你受伤了，这些日志可以让你的医生和理疗师更好地帮助你，日志可以告诉你问题产生的细节以及它们的发展过程。

总之，记日志能够让你：

- 分析训练的效果。
- 掌握进程。
- 制订一项能够促使进步的系统性计划。
- 避免过度训练和受伤。
- 保持训练热情。
- 回顾时会感到奇妙、快乐甚至惊讶。

❖ ————————————————————

考虑在日志中记录饮食。饮食记录可以帮助你意识到影响你饮食的时间、情绪和压力等问题。你可以看到这些因素是怎样影响训练的。

———————————————————— ❖

热身

不管你如何充满动力，只要跑步和快走还没有成为你每天生活的一部分，你的身体就会感觉到由锻炼引起的震动。这项 13 周跑步行走计划设计的目的之一就是减少这种震动，但是热身的作用再怎么强调也不过分。热身不只是针对初学者的——甚至世界级的运动员在每次训练之前都要热身。

热身的目的是让你的身体为锻炼做好准备。（热身本身不应该被看作是锻炼，虽然这个过程有时候被叫作“热身锻炼”。）未活动开的肌肉效率低下而且容易受伤。它们缺少血液流动，而这对锻炼来说是必需的。

热身活动应该包括一些能促进血液循环的运动。不断活动你的手臂、腿部和身躯，大概 10 分钟后，可以继续做一些温和的拉伸运动，注意这里的关键词“温和”。兼具运动理疗师、跑步者和铁人三项运动员身份的温迪·埃普指出，研究表明人们很可能会用力拉伸僵硬的肌肉，而不是去慢慢跑步，而后者才是正确的。“一步步热身是非常重要的。低强度、有节奏的活动，比如缓慢的跑步，可以让你的肌肉在一个有限的范围内运动，从而让肌肉的温度和体温慢慢上升，让受伤的风险最小化。”

埃普用孩子们的玩具橡皮泥打了一个简单的比方。你可以把它们捏成不同的形状，当橡皮泥冷下来时，它变得又脆又硬，即使你用很小的力，它也会很容易断裂而不是弯曲。只有当它经过不断的轻缓揉搓后才能恢复可塑性。你的肌肉也是这样子的。

不管是在锻炼前、锻炼中还是锻炼后，拉伸身体的原则就是倾听你的身体：如果它受伤了，你就做得太过了。这是事实，不管你有多健壮或者跑得有多快。

你可能发现跑步受伤是一件非常让人烦恼的事情，但是想象一下，如果受伤是由于一些你原本为避免受伤而去做的事情才导致的，这种感觉岂不是更让人受挫！

本书第 208~213 页提供了一系列针对跑步运动的拉伸锻炼。你可以把这些拉伸锻炼当作你每次训练课的一部分。总的来说，跑步者和行走者需要专注于自己的小腿、腿筋、臀部、髋部屈肌和腰部肌肉。每次拉伸做 10 分钟，然后对每组肌肉重复 2~3 次。

一个很好的热身程序

- 行走或者慢跑 5~10 分钟。
- 轻微拉伸 3~10 分钟，将注意力集中在小腿、腿筋、股四头肌、臀肌、髋部屈肌、腰部肌肉和肩膀。

肌肉在暖和起来后还能进一步拉伸，这也是为什么你在跑步后应该做更深度的拉伸活动。

训练之后的放松运动

正如热身是让你的身体为更进一步的活动做好准备的最好方式，放松运动则是让它恢复到非运动状态的最好方式。在锻炼后让你的肌肉保持 10~15 分钟的活动是一个很好的方法，你可以用类似热身运动的方法，但是强度要小一些。

对放松运动来说，轻微的拉伸就已经足够了：每次拉伸 15~30 秒，然后重复 2~3 次。

你很快会发现，你在训练中活动开的肌肉会更加柔软，这时是你训练身体柔韧性的最佳时机。训练结束后，你的肌肉彻底活动开了，你可以对任何部位做拉伸活动，每次拉伸可持续 30 秒到 3 分钟。

锻炼后的拉伸有两个目的。最重要的原因是在锻炼中你的肌肉是绷紧的，除非你重新拉开它们，否则它们会保持绷紧的状态。

锻炼后拉伸放松的另外一个好处是它能帮你拓宽关节的运动范围。记住，很多因素能影响你运动范围扩展的能力，包括年龄、先决条件（比如旧伤）和关节结构等。试着不要把拉伸活动当作一项竞技运动。每个人拉伸的情况都不一样，你的跑步伙伴看上去可能比你拉得要开一些，但这并不意味着你就有什么错误。要对你越来越多的收获表示满意，要看得长远。

一些运动员认为锻炼后的拉伸活动是避免肌肉酸痛的关键因素，这个说法可能夸张了。训练后有一些肌肉酸痛是自然的，但如果在 48 小时之后身体仍然没有恢复常态，那么你就可能受伤了，需要及时就医。

总而言之，以行走或者慢跑 5~10 分钟开始你的训练后放松活动。

然后重复你的热身拉伸动作，仍然要特别注意拉伸你的小腿、腿筋、臀部、髋部屈肌和腰部肌肉。对于训练后放松活动，每个拉伸动作做15~30秒，每组肌肉重复2~3次。如果你想锻炼你的柔韧性，每个拉伸动作保持30秒钟到3分钟，每组肌肉重复2~3次。

一个很好的锻炼后放松程序

• 行走或慢跑5~10分钟，注意让你的双臂保持前后交替摆动。

• 拉伸你的小腿肌肉和腿筋以锻炼柔韧性。(见第208~209页训练。)

• 在你完全热身开的情况下（在你训练完成后）可以做深度的拉伸运动，以增加或保持你的柔韧性。

对一般人来说，年龄和性别都会影响自身的柔韧性。女孩比男孩柔韧性要好，但青春期后他们的柔韧性都会变差。

跑步技巧

当你第一次开始跑步时，不用担心什么技巧问题。大多数人可以自动采用适合他们的技巧。(至少，已经是他们能做到的最好的了。跑步中感觉到痛苦可能是由于一些旧伤或者受遗传的不协调因素影响。见第9章“常见的伤病及恢复”。)

当你开始长距离跑步，由于跑步技巧不足造成的能量损失问题才会显现出来。跑步教练罗伊·本森从生物力学的角度来描述一个优秀的跑步者："关键问题是要注意上半身，要确保肩膀不要旋转得太过，否则身体会从一边扭向另一边。胳膊的摆动应该是很舒服的，就像你在行走一样，从你背后一点的位置刚好摆到大腿的前面。"

如果你发现这样做很困难，那就不必再担心姿势——放松是最重要的。虽然大多数人在受力的情况下会紧张，但是作为跑步者，至少有两个避免紧张的理由。首先，紧张的肌肉会更容易受伤。其次，身体在紧张的状态下会耗费更多能量。放松可以将那部分能量引导到跑步上。当你在进行这项 13 周跑步行走计划时，试着放松，采取一个好的姿势（挺起你的胸膛，不要驼背），把一只脚放在另一只前面。如果

迈克尔

迈克尔，51 岁，总觉得他的跑步同伴坚持热身和放松是一件让他烦恼的事情。一旦他穿上了跑鞋，就急不可待了。"一旦跑步的时间到了，我只想去跑，我很厌恶等待。"

一天晚上他从腿抽筋的疼痛中醒来。"我无法想象那种疼痛。我感觉疼痛部位的肌肉像钢铁一样硬。我想拉伸我的肌肉却无能为力。我的妻子也醒过来了，差点儿认为我心脏病发作了。我想当时我正在尖叫。"

幸运的是，他的妻子曾经是一个游泳者，知道抽筋是怎么回事。她让他仰面躺着，然后用自己的身体把他的膝盖往下压，同时用双手拉伸他的脚踝。肌肉有点放松的预兆了，在不断的拉伸下终于慢慢柔和起来，迈克尔的腿终于能在床上伸直了。

当他把这件事情告诉他的跑步伙伴时，伙伴只是摇头，让他考虑一下训练后的拉伸。"现在，我非常笃信地做这件事。虽然我还是厌恶它，但是只要回忆起那天晚上的经历就会有动力去做这件事。"

你认为有一些问题可能是技巧不足造成的，那么请看第 7 章“成为更好的跑步者”，里面有对跑步技巧的详细说明。

安全第一

独自跑步可能会让人感到不安，特别是对于女士来说。按照“有备无患”的观点，这儿有一些安全提示，它们可以在确保安全的情况下让你的训练课程更加愉快。

• 随身携带身份证明，或者在一张纸上写下你的名字、电话号码和血型。把它别在跑鞋钥匙扣上，然后把钥匙扣挂在鞋帮上。

• 带些硬币，有时候你可能要用投币电话。把哨子或者噪音制造器放在口袋里面或者挂在脖子上。

• 不要佩戴珠宝——它们可能会引来不必要的注意。

• 写下你的跑步路线，把它交给你的朋友，或者放在显眼的地方。和你的朋友或家人讨论一下你的跑步路线。

• 在你所熟悉的区域内跑步。要了解电话亭、商业区或者商店的位置，确认在你跑步的时候商店是开门营业的。不要总是一成不变——可以时不时改变一下你的路线，特别是在你的跑步路线上开始不断出现同一个人的情况下。

• 在你住所附近跑。避免在人烟稀少的区域、冷清的街道和杂草丛生的小路上跑步。还要避免晚上在没有灯的地方跑步。远离停满车的地方和长满灌木丛的地方。

• 面向车流跑步，这样你能看得见迎面而来的车流。你能看见车但并不能保证司机看到你。如果他们从你身后开过来，你会比较危险。

- 尊重车流。不要在自行车和机动车道跑。当骑自行车和玩滑板的人和你共用一条道并经过你身旁时，你要让开让他们经过。如果你在一个团队里面跑步，要排成一路纵队，保持足够的间隙让别人可以通过，要留心行人特别是小孩。

- 如果你在昏暗的灯光下或者天黑之后跑步，要穿带反光条的衣服。如果你不喜欢这些条状物装备，那就买一些反光胶带贴在衣服上。可以穿件反光背心，为骑自行车的人设计的踝反射装置对跑步者同样适用。

- 保持警醒。你对周围越警惕，就越能避免受到伤害，面对突发状况也就能更机敏地做出反应。出于这种考虑，训练的时候不要戴耳机。耳朵能够听到四面八方来的声音，是你的逃生工具。所以不要忽视了它们的作用。

- 忽略一些语言上的烦扰。遇到陌生人时要小心。直视别人并保持谨慎，保持你们之间的距离并不要停止运动。

- 相信你的直觉。避免接触任何你感觉不安全的人，不要去任何你感觉不安全的地方。

- 当你自己或别人遇到事情的时候要立即给警察打电话，在你被跟踪或遭遇惊吓时也要这样做。

戴耳机跑步就是戴上“麻烦”。耳朵是你的生存工具，可以听到你看不到的东西。

适应天气

在任何季节都可以跑步：你只需要合适的装备和积极的态度。夏天，对跑步者最构成挑战的是炎热的天气；冬天，则是寒冷、冰雪和湿滑的环境，这些都会导致跑步者滑倒。但是不管天气如何，你都可以跑步。实际上，跑步最大的乐趣之一就是能够观察到你最喜欢的跑步路线在不同的季节和不同的天气状况下，同一天的不同时间段里的变化。

炎热天气下跑步

在炎热天气下跑步的最好方式是一步步去适应。要穿上合适的衣

克莱尔

克莱尔几乎没有思考过关于跑步技巧的事情。这个37岁的女人从来没有因为体育运动而有过疼痛和痛苦，她从来没有一次跑步超过30分钟。但是，她好像比同伴要更容易感到疲累。

尽管克莱尔有些驼背，但她从来没有想到自己的姿势会影响到跑步。一天训练课结束后，克莱尔的训练伙伴在给她做背部按摩时说她的背非常紧。伙伴说紧张和疲劳可能导致她的跑步技巧有一些问题，于是克莱尔让健身房的教练看了看她跑步。教练告诉克莱尔，她老是弓着背，一直处于紧张状态，这会导致她的肌肉紧张。伛偻会收缩胸腔，降低肺部活动能力，致使她容易疲劳。他告诉她要“站直”，往后拉伸肩膀并抬起下巴。

“这不是什么奇迹，”克莱尔说，“但是一旦我开始意识到我的姿势和跑步技巧问题，我就时刻注意。现在我的确认为我的技巧要好一些了。”

服，保持水分。要注意你的身体需要付出更多的努力才能让你放松下来，这一般是通过排汗来实现的。要注意观察你的身体，记住下面的提示：

• 要慢下来，缩短跑步距离。

• 避免太阳直射，戴上网格帽子或者抹上防晒霜。

• 穿由人工合成材料制成的浅色或白色的T恤，它可以排出汗液，让你凉快下来。

• 跑步期间以及之后，喝比平常更多的水。

• 在一天中较凉快的时候跑步，比如清晨或者晚上。

• 计划一条路线，你可以沿着这条路线穿过儿童水上公园或者幽静的森林。

寒冷天气下跑步

一些人喜欢在寒冷中跑步，因为他们能够获得更多能量。特别要警惕冰雪或者湿冷天气，要记住雪面比冰面更能着力。低温和冻伤是在寒冷天气下跑步要面对的两大危险，特别重要的是你需要分层保护头部、脸和手指。下面是一些针对寒冷天气条件下跑步的建议：

• 如果路上有冰，降低跑步速度以避免受伤。

• 保持身体温暖，戴上帽子、手套，穿上防风衣。

• 穿多层衣服，这样可以调节自己的体感温度。

• 要一直跑，站着不动会让你的身体很快冷下来。

• 在林荫道上跑步，这样可让你免受风吹雨打。

小结

1. 要养成写训练日志的习惯，这样你可以掌握你自己的进程，保持动力，避免受伤。

2. 跑步之前，花 5 分钟时间热身，这样可以避免开始训练后把肌肉拉伤。

3. 跑完步后，花 5 分钟时间慢慢放松肌肉并改善你的柔韧性。

4. 保持放松，挺起胸膛，跑步时自然摆臂。

5. 保持警惕，无论在何时何地跑步都要有安全意识。

4　让我们开始13周跑步行走计划吧

这本《爱上跑步的13周》包含了让你成功跑完10公里的所有要素。前面几章教给了你一些基本的原则，它们是你训练的基石，后面几章将会为你提供足够的信息和方向，比如训练前的热身和训练后放松的拉伸活动，还有让你能够完成跑步计划的力量训练。本章提供了详细的每周训练计划，同时还有教练的建议和一些实用的小贴士。掌握所有这些方法，再过几周你就可以成为一个有一定基础的跑步者了。

适度的热身、放松和拉伸锻炼是避免受伤的有力保障。附录A中推荐的拉伸锻炼是你训练计划的关键部分，第3章已经给你提供了一些关于锻炼前和锻炼后拉伸活动的细节要点，比如如何拉伸、什么时候拉伸以及合适的拉伸程度等。不要为了节省时间而在你的训练中去掉这些重要的部分。

大部分运动员都有训练日志。有各种跑步日志本可供选择。经过一段时间你会形成自己的记录风格。设定切实的有意义的目标可以帮助你完成每周的训练。

13 周训练计划

这个运动医学跑步行走计划每周包含 3 次训练课，每节课持续时间为 28~76 分钟，该计划已经经过了很多人的谨慎实践。你需要把这 3 次训练均匀分配到一周中并尝试制订一个固定的日程安排，这样做是非常重要的。

你会发现该计划是循序渐进的，里面包含很多行走活动。你可以借助运动手表安排训练课中跑步行走区段的时间。如果你觉得进程太慢，尝试着忍受一下，而不要急于跳到下一步，那样做不会让你身体更强健，而只会增加受伤的风险。该计划中最与众不同之处在于跑步行走的选项，它可以让那些在最开始 6 周内训练非常吃力的人采取一种更循序渐进的方法来完成这个计划。在这种情况下你仍然要准备完成 10 公里区段的训练，但是训练是穿插着跑步和行走的，而不是一直在跑步。你训练中的“跑步”部分应该是非常慢的慢跑，会让你保持舒适的状态。你应该在行走和跑步的过程中都感觉很轻快，要能够进行交谈，能够一次说两三句话而不会喘不过气。最开始，毫无疑问，你会感到兴奋，甚至会对训练急不可待，这样可能会让你跑得比理想状态要快。要留心你的速度：因为冲击力会随着步子的变大而增加，最终可能会导致受伤。

还需要记住的是：跑步不是件容易的事。肌肉、肌腱、骨骼和韧带需要时间来适应冲击。如果你遵循这个进程，不多做也不少做，你会诧异它竟然如此简单。最后要记住，锻炼时间也包括 5 分钟热身和 5 分钟的训练后放松时间。在你作日程安排时要确保它们成为你训练中的重要环节。

第 1 周：步伐

☐ 第 1 课（34 分钟）

热身 5 分钟。跑步 1 分钟。行走 2 分钟。共做 8 次。放松 5 分钟。

☐ 第 2 课（28 分钟）

热身 5 分钟。跑步 1 分钟。行走 2 分钟。共做 6 次。放松 5 分钟。

☐ 第 3 课（31 分钟）

热身 5 分钟。跑步 1 分钟。行走 2 分钟。共做 7 次。放松 5 分钟。

教练建议：

为了让自己的跑步步伐变得轻缓，尝试“拖着脚慢跑”技巧——挺起胸，手臂摆动范围小一些，用小碎步跑，不要抬高膝关节，尽量不要跳起：这样才比较容易拖着脚。（想象拳击手的脚步，或者恰恰舞者的舞步。）把重心放在脚掌的中前部，不要做走路那种明显的脚跟到脚趾的动作。从行走换到跑步要过渡得非常平稳，这样你的身体和意识几乎感觉不到它们的差别，反过来也是这样。

提示：对跑步者来说，最重要的装备是一双合适的跑鞋。当然还有衣服，特别是贴身的那层，它们一般由化纤面料制成，可以把湿气从身体上排走。

第 2 周：建立基础

□ 第 1 课（38 分钟）
热身 5 分钟。跑步 2 分钟。行走 2 分钟。
共做 7 次。放松 5 分钟。

□ 第 2 课（31 分钟）
热身 5 分钟。跑步 1 分钟。行走 2 分钟。
共做 7 次。放松 5 分钟。

□ 第 3 课（34 分钟）
热身 5 分钟。跑步 2 分钟。行走 2 分钟。
共做 6 次。放松 5 分钟。

教练建议：

你可能发现上周 1 分钟的“拖着脚慢跑”太容易了。如果你保持这种缓慢而轻盈的步伐，可能会对这种不花什么力气的锻炼感觉有点儿失落。这周，尝试着完成几组 2 分钟的跑步，以让自己重温这种步伐轻盈放松的感觉。要记住上周给你介绍的“拖着脚慢跑”技巧。

提示：非常重要的一点是，每周要找时间进行 3 次训练。这个跑步行走计划是按周来安排的，为了取得成功，你需要“按时完成作业”。如果你因为一些原因而不能完成当周的训练，最好在下一周重复这周的课程，然后再继续。

第 3 周：增加跑步的时间

□ 第 1 课（45 分钟）

热身 5 分钟。跑步 3 分钟。行走 2 分钟。共做 7 次。放松 5 分钟。

□ 第 2 课（34 分钟）

热身 5 分钟。跑步 2 分钟。行走 2 分钟。共做 6 次。放松 5 分钟。

□ 第 3 课（40 分钟）

热身 5 分钟。跑步 3 分钟。行走 2 分钟。共做 6 次。放松 5 分钟。

教练建议：

每节课里跑步的比例逐渐增加，这时候要记住手臂的摆动可以帮助你调整节奏和步伐。尝试着让你的肩膀保持笔直和放松。让你的手臂舒适地前后摆动，手肘处在身体两侧。这样可以让你保持一个适当的节奏。你的腿也会相应做出调整。当你的身体适应了训练并且你的健康状况改善以后，步伐会自然而然地加大加快，但是现在，你只需把注意力集中在你的节奏和步伐上。

提示：在训练日志上记录你的进程。坚持记日志可以帮助你找到受伤的根源。要记下每次训练课的感受，什么时候和在哪儿训练，你生活中发生了什么（比如，跑步之前因为小孩子哭闹而整夜没睡觉）和任何别的你想记录下的事情。这是树立目标和掌握进程的最好方式。记住要保持简洁和诚实。

第 4 周：轻松的恢复周

□ 第 1 课（40 分钟）

热身 5 分钟。跑步 3 分钟。行走 2 分钟。

共做 6 次。放松 5 分钟。

□ 第 2 课（30 分钟）

热身 5 分钟。跑步 2 分钟。行走 2 分钟。

共做 5 次。放松 5 分钟。

□ 第 3 课（40 分钟）

热身 5 分钟。跑步 2 分钟。行走 3 分钟。

共做 6 次。放松 5 分钟。

教练建议：

从第 1 周到现在你已经完成不少训练了，在提高身体素质的同时你需要一些休息。还记得你参加第一堂训练课时的那种不确定吗？你现在应该对自己的舒服状态比较熟悉了，对你的节奏和步伐也更自信了。享受这个“轻松”的一周吧，继续保持放松和舒适的步伐。

提示：要保持积极。把注意力集中到好的事情而不是坏的事情上面。在这项训练的开始阶段，当你的身体开始适应新的强度水平时，你会遇到各种疼痛和痛苦。耐心一些，这些都是你进步过程中不可缺少的一部分。

第 5 周：注意“拖着脚慢跑”

□ 第 1 课（46 分钟）

热身 5 分钟。跑步 3 分钟。行走 1 分钟。

共做 9 次。放松 5 分钟。

□ 第 2 课（34 分钟）

热身 5 分钟。跑步 2 分钟。行走 1 分钟。

共做 8 次。放松 5 分钟。

□ 第 3 课（42 分钟）

热身 5 分钟。跑步 3 分钟。行走 1 分钟。

共做 8 次。放松 5 分钟。

教练建议：

经过上周的“恢复”，这周你应该对 3 分钟的“拖着脚慢跑”没有什么问题了。现在，最大的不同在于你的行走（恢复）时间减少到了 1 分钟，这段时间是非常快的，因此，“拖着脚慢跑”比以前更重要了。如果你感觉自己发出呼哧呼哧的声音，明显不能正常交谈了，就必须慢下来。

提示：找一个训练伙伴一起完成 13 周的训练课程。知道有人等着自己是非常有帮助的——你们可以互相激励、帮助对方完成训练课程，这种感觉是令人难以置信的。

第 6 周：增加训练量

□ 第 1 课（52 分钟）

热身 5 分钟。跑步 5 分钟。行走 1 分钟。
共做 7 次。放松 5 分钟。

□ 第 2 课（38 分钟）

热身 5 分钟。跑步 3 分钟。行走 1 分钟。
共做 7 次。放松 5 分钟。

□ 第 3 课（50 分钟）

热身 5 分钟。跑步 3 分钟。行走 1 分钟。
共做 10 次。放松 5 分钟。

教练建议：

在这个阶段，你可能会感觉累了。尽管这时候休息一下的想法是非常诱惑人的，但只要坚持一下，你很快就会感觉好起来。离开马路，找一块柔软的草地或者一条小路继续训练，这是一种非常好的休息方式。新的路面状况可以为你的腿部提供一个很好的恢复机会，不一样的风景也能帮助缓解疲劳。记得控制好你的姿势和步伐，在必要的时候，慢下来以避免受伤。

提示：如果你感到疼痛，可以尝试冰敷。把水装进塑料杯然后冰冻。训练前后，如果有需要冰敷疼痛的部位即可。

中段检查

这项 13 周训练计划的最终目标是让你安全舒适地完成 10 公里跑。现在你已经完成了计划的一半了，这是一个评估你感受的好时机。你要诚实面对自己的感受，要知道每个人对训练的反应是不同的。如果过去的训练让你感觉不错的话，那就接着进行下面的训练吧。你的训练时间会继续增加，同时穿插其中的行走时间会明显减少。在 13 周计划临近结束的时候，你要做好完成一段 10 公里距离的跑步的准备，中间穿插极少时间的行走。

如果你感觉完成训练非常困难，或者只是喜欢跑步和行走穿插在一起的训练，那么你可以选择“跑步行走”这个选项继续第 6 周以后的训练。你同样要准备在 13 周计划临近结束时完成 10 公里的训练，但是你将用跑步和行走结合的方式来完成。实际上，你的每个训练段都不会超过 10 分钟，接着是一个短时间的行走段。

在训练进程中能自始至终感觉舒适的关键因素是：你知道你每周都有“跑步行走”的选项，可以根据自己的训练状态自由调整和切换。

第 7 周：训练过了一半

☐ 第 1 课（54 分钟或者 5 000 米距离）

热身 5 分钟。跑步 10 分钟。行走 1 分钟。

共做 4 次，或者按这个模式完成 5 000 米。放松 5 分钟。

☐ 第 2 课（40 分钟）

热身 5 分钟。跑步 4 分钟。行走 1 分钟。

共做 6 次。放松 5 分钟。

☐ 第 3 课（52 分钟）

热身 5 分钟。跑步 5 分钟。行走 1 分钟。

共做 7 次。放松 5 分钟。

跑步行走选项

☐ 第 1 课（52 分钟或者 5 000 米距离）

热身 5 分钟。跑步 6 分钟。行走 1 分钟。

共做 6 次，或者按这个模式完成 5 000 米。放松 5 分钟。

☐ 第 2 课（40 分钟）

热身 5 分钟。跑步 4 分钟。行走 1 分钟。

共做 6 次。放松 5 分钟。

☐ 第 3 课（50 分钟）

热身 5 分钟。跑步 4 分钟。行走 1 分钟。

共做 8 次。放松 5 分钟。

教练建议：

祝贺你！你已经完成计划的一半了，对你身体的潜能也有了更好的了解。从本周起，“跑步行走”的选项可一直供你选择。这周，你要做一个 5 000 米的训练测试来增强你的自信心。选择一个合适的地方来做一个距离精确的 5 000 米训练课程，然后按那条路线完成你的预定训练内容。记住要放轻松，保持步伐一致。把你的注意力集中到手臂的摆动上面，你的腿部自然而然会跟随手臂的节奏运动。

提示：当你感觉精力充沛时，可以在有风的日子进行训练。可以迎风跑出去，顺风跑回家。

第 8 周：轻松的恢复周

☐ 第 1 课（54 分钟）

热身 5 分钟。跑步 10 分钟。行走 1 分钟。共做 4 次。放松 5 分钟。

☐ 第 2 课（38 分钟）

热身 5 分钟。跑步 3 分钟。行走 1 分钟。共做 7 次。放松 5 分钟。

☐ 第 3 课（46 分钟）

热身 5 分钟。跑步 5 分钟。行走 1 分钟。共做 6 次。放松 5 分钟。

跑步行走选项

☐ 第 1 课（52 分钟）

热身 5 分钟。跑步 5 分钟。行走 1 分钟。共做 7 次。放松 5 分钟。

☐ 第 2 课（38 分钟）

热身 5 分钟。跑步 3 分钟。行走 1 分钟。共做 7 次。放松 5 分钟。

☐ 第 3 课（46 分钟）

热身 5 分钟。跑步 2 分钟。行走 1 分钟。共做 12 次。放松 5 分钟。

教练建议：

你已经到达了13周计划的另一个重要节点：该训练计划每4周的最后一周都是一个恢复周，这一周的宗旨就是为了休息一下，特别是在你身体出现异常疼痛的情况下。你可以把其中的一节训练课换成低冲击的训练，比如在一个深水池中完成分段训练，这样可以让双腿休息一下，但是仍然能锻炼心肺功能。

提示：在水池里面跑步可能比一圈圈游泳要有意思得多。和你的朋友们一起做——你们可以像在慢跑的时候一样交谈。为了挨过时间，你可以快慢交替进行。选择一个播放好听音乐的游泳池，随着音乐节奏去训练。

第 9 周：回到训练中

□ 第 1 课（68 分钟）

热身 5 分钟。跑步 10 分钟。行走 1 分钟。

跑步 15 分钟。行走 1 分钟。

跑步 20 分钟。行走 1 分钟。

跑步 10 分钟。放松 5 分钟。

□ 第 2 课（46 分钟）

热身 5 分钟。跑步 5 分钟。行走 1 分钟。共做 6 次。放松 5 分钟。

□ 第 3 课（54 分钟）

热身 5 分钟。跑步 10 分钟。行走 1 分钟。共做 4 次。放松 5 分钟。

跑步行走选项

□ 第 1 课（66 分钟）

热身 5 分钟。跑步 6 分钟。行走 1 分钟。共做 8 次。放松 5 分钟。

□ 第 2 课（45 分钟）

热身 5 分钟。跑步 4 分钟。行走 1 分钟。共做 7 次。放松 5 分钟。

□ 第 3 课（55 分钟）

热身 5 分钟。跑步 4 分钟。行走 1 分钟。共做 9 次。放松 5 分钟。

教练建议：

现在又回到常规训练了。经过一周的恢复，你可以增加训练强度了。这周，跑步时间和总的训练时间都会增加，但是你已经为它们做好准备了。保持自信、强健和放松。让手臂控制你的节奏，最重要的是，要让你的步伐缓慢，保持能够与人交谈的跑步速度。行走的部分现在对你来说只是心理上的休息了。

提示：由于训练时间变长，你需要给自己一些鼓励以保持动力。为这周的训练安排好路线，请朋友拿着一套新衣服在路线的终点等你。可以安排在这之后吃点美味的零食或一顿大餐来庆祝你完成了训练。

第 10 周：漫长的一周

☐ 第 1 课（72 分钟）

热身 5 分钟。跑步 10 分钟。行走 1 分钟。

跑步 20 分钟。行走 1 分钟。

跑步 30 分钟。放松 5 分钟。

☐ 第 2 课（54 分钟）

热身 5 分钟。跑步 10 分钟。行走 1 分钟。共做 4 次。放松 5 分钟。

☐ 第 3 课（57 分钟）

热身 5 分钟。跑步 20 分钟。行走 1 分钟。

跑步 15 分钟。行走 1 分钟。

跑步 10 分钟。放松 5 分钟。

跑步行走选项

☐ 第 1 课（73 分钟）

热身 5 分钟。跑步 8 分钟。行走 1 分钟。共做 7 次。放松 5 分钟。

☐ 第 2 课（55 分钟）

热身 5 分钟。跑步 4 分钟。行走 1 分钟。共做 9 次。放松 5 分钟。

☐ 第 3 课（58 分钟）

热身 5 分钟。跑步 5 分钟。行走 1 分钟。共做 8 次。放松 5 分钟。

教练建议：

这是漫长的一周，因为你要在跑步上面花更多的时间，但是跑步区段之间还是有一分钟的行走时间。经过前几周的训练，你已经可以把注意力集中在手臂动作上面，保持你的跑步节奏了。记住，虽然你想跑得快一些，但是现在“速度”并不重要。这部分训练计划的目的是为了让你习惯冲击和长距离跑，对大多数人来说这是最困难的。要保持动力，以微笑来和疲劳作斗争。笑容是可以传染的，如果别人也以微笑来回应你，你会感觉棒极了。

提示：聆听你的身体。留心它传达给你的信息。如果你患上了感冒或流感，暂停训练一两天。在继续训练之前给自己一个恢复的机会。

第 11 周：树立信心

□ 第 1 课（71 分钟）

热身 5 分钟。跑步 40 分钟。行走 1 分钟。

跑步 20 分钟。放松 5 分钟。

□ 第 2 课（54 分钟）

热身 5 分钟。跑步 10 分钟。行走 1 分钟。共做 4 次。放松 5 分钟。

□ 第 3 课（57 分钟）

热身 5 分钟。跑步 20 分钟。行走 1 分钟。

跑步 15 分钟。行走 1 分钟。

跑步 10 分钟。放松 5 分钟。

跑步行走选项

□ 第 1 课（76 分钟）

热身 5 分钟。跑步 10 分钟。行走 1 分钟。共做 6 次。放松 5 分钟。

□ 第 2 课（55 分钟）

热身 5 分钟。跑步 4 分钟。行走 1 分钟。共做 9 次。放松 5 分钟。

□ 第 3 课（58 分钟）

热身 5 分钟。跑步 5 分钟。行走 1 分钟。共做 8 次。放松 5 分钟。

教练建议：

这周你需要比以前有更多的激情，因为你的跑步距离和时间都达到了最大值。如果你仍然可以保持这种可以谈话的步伐的话，那么你就已经达到 10 公里距离的训练要求了！如果你做的是跑步行走训练，每次跑 10 分钟，训练总时间达到了 76 分钟的话，你也到达了这项计划的一个重要节点。不管你选择哪种训练，你现在的跑步时间都比行走时间要长得多。

提示：要在健康和没有受伤的状态下训练。要注意保持足够的睡眠以保证健康，膳食平衡，喝足够的水。随身带一个水瓶，随时都可以补充水分。

第 12 周：轻松的一周

☐ 第 1 课（60 分钟）

热身 5 分钟。跑步 50 分钟。放松 5 分钟。

☐ 第 2 课（43 分钟）

热身 5 分钟。跑步 10 分钟。行走 1 分钟。共做 3 次。放松 5 分钟。

☐ 第 3 课（52 分钟）

热身 5 分钟。跑步 15 分钟。行走 1 分钟。

跑步 15 分钟。行走 1 分钟。

跑步 10 分钟。放松 5 分钟。

跑步行走选项

☐ 第 1 课（64 分钟）

热身 5 分钟。跑步 8 分钟。行走 1 分钟。共做 6 次。放松 5 分钟。

☐ 第 2 课（40 分钟）

热身 5 分钟。跑步 4 分钟。行走 1 分钟。共做 6 次。放松 5 分钟。

☐ 第 3 课（52 分钟）

热身 5 分钟。跑步 5 分钟。行走 1 分钟。共做 7 次。放松 5 分钟。

教练建议：

你真棒！这是一个非常重要的恢复周。想象你完成了 10 公里训练，或者参加了 10 公里跑的赛事，最后冲向了终点的场景。你能够做到！在这个阶段，要抵抗一些诱惑，比如“考考自己”能不能做一些超过训练课程安排的跑步内容。要对你的准备有信心，把最好的状态留给参加比赛的那天。如果你真想评估自己是否能够完成 10 公里跑，那么就跑 8 公里吧，这样你会感觉很棒，并且有继续跑下去的渴望。

第 13 周：祝贺！

☐ 第 1 课（50 分钟）

热身 5 分钟。跑步 40 分钟。放松 5 分钟。

☐ 第 2 课（43 分钟）

热身 5 分钟。跑步 10 分钟。行走 1 分钟。共做 3 次。放松 5 分钟。

☐ 第 3 课

热身 5 分钟。跟着你的感觉跑 10 公里，享受乐趣，开始不要跑太快。放松 5 分钟。

跑步行走选项

☐ 第 1 课（54 分钟）

热身 5 分钟。跑步 10 分钟。行走 1 分钟。共做 4 次。放松 5 分钟。

☐ 第 2 课（40 分钟）

热身 5 分钟。跑步 4 分钟。行走 1 分钟。共做 6 次。放松 5 分钟。

☐ 第 3 课

热身 5 分钟。跟着你的感觉去跑步和行走，完成 10 公里。享受乐趣，开始不要跑太快。放松 5 分钟。

教练建议：

你已经可以安全舒适地完成 10 公里长度的训练了，不管是采用跑步的方式还是跑步穿插行走的方式。为自己树立充足的信心吧：艰难的训练已经结束，现在是迈向最后荣耀的时候了。这是非常美好而轻松的一周，你的肌肉和心理可以得到完全的恢复，你会感觉自己得到了充分的休息，也已经准备就绪。你做到了！

13 周训练计划的提示总结

技巧

• 行走和慢跑对我们来说是非常自然的事情，但是每个人的技巧会有不同。

• 当你变得更强健，或者通过一些跑步训练来增强你的身体强度，你个人的跑步技巧也会随之提升。

• 记住，在行走或慢跑的时候，要使用你的手臂；手臂摆动带动你的步伐。

• 只要你有意识地去注意自己的手臂动作，腿自然会随着它运动。

避免岔气（抽筋）和紧张

• 通过强迫呼气（咕噜咕噜地呼气）来改变你的呼吸方式。

• 用腹部呼吸（主要用膈膜来控制呼吸）。

• 通过锻炼来增强核心（腹部）力量。

• 把大拇指和中指捏在一起来放松你的肩膀，通过把注意力集中到这一小块压力区域来释放上身的压力。

13 周跑步行走计划的其他补充选项

• 坚持 1 周 3 次训练，不管是选择“跑步”还是“跑步行走”选项。

• 加入跑步或行走俱乐部。

• 参加一些跑步或行走赛事——可以在本地的跑鞋店或者社区中心搜索相关的信息。

• 通过锻炼 / 活动日志来记录你的训练。

• 尝试一些别的活动——骑自行车、游泳和远足等，这些都是不错的可以替代跑步的选择。

• 你可以在第 11 章找到更多的方法。

5　跑步心理学

跑步者在他们跑步生涯的早期就能发现，如果没有健康的心理，即使拥有强健的体魄也不会跑得太远。有时在你训练期间——可能这天非常寒冷，下着雨，天气糟透了——你凝视着窗外，发现你拥有非凡的找借口能力。你会找各种理由不出去跑步，然后开始憎恨跑步。或者，也许不是那么憎恨，你只是还没有进入到跑步的情绪中。在这样的心理活动中，孤独的跑步者既是赢家也是输家。你赢在没有做自己不想去做的事情，而输在没有做自己知道应该去做的事情。

坚持跑步有时候比开始跑步还要难。这个 13 周跑步行走计划会让你在承受最小风险的同时帮助你在心理和身体上都成为一个跑步者。跑步是一种锻炼，心率的提高和跑步距离的增加会让你大汗淋漓、精疲力竭，你的身体和心理会因此受益，但是训练本身是非常费力的。正因为如此，在你执行这个计划时，甚至当你已经经过训练成了一个跑步者时，你仍然有不想去跑步的时候。本章提供了一些怎么应付这种状况的建议。

和伙伴或者一个团队一起跑步会更有动力，而且会增加安全性，特别是对女士来说。和你的狗一起跑步可以让你和宠物一起保持健康。

聆听你的身体

有时你应该听从你的身体不去跑步。如果你病了，让你的身体承受更多的压力会导致受伤或者更严重的病痛。如果你的身体需要恢复，就给它这个机会吧，因熬夜、过量饮食或者饮酒过度引起的身体不适就属于这种情况。(很多人认为，大量的体力训练是治疗宿醉的良方。其实，这样做更像一种自我惩罚，而非为了获得训练的益处。请勿放纵自己，从根源上避免这种情况的出现。)

若你患有小伤病，或者你的伤势不治疗会进一步恶化，也要这样处理。有些运动员总是处于慢性的病痛中，而另外一些运动员却几乎从未患过慢性疾病。如果问他们如何处理伤病，你会发现，那些长期受伤的运动员认为，在病痛中跑步比停下来处理伤病更为高尚。通常他们会告诉你："只要忽略它的存在，时间长了，它自然会消失。"

可惜他们几乎总是错的。

训练你的心理

动机是一个有意思的东西。你可能会发现，当你对分配给自己的任务真正不抗拒时，你才会有更多的动力。拿破仑有句名言，"清早的勇气是最难得的”，他对动力理解得很透彻。在夜晚的篝火旁喝过酒的士兵会吹嘘自己多么勇敢，但是当太阳出现在地平线，到了冲锋陷阵的时候，他们的勇气却不知道哪里去了。拿破仑说，真正的勇者是那些穿上盔甲跨上战马的时候仍然毫无畏惧的人。

晚上在温暖的被窝里想象自己能够征服山峰、跑完马拉松是很容易的，但在清醒的时候这又是另外一回事了。从一个梦想者到一个实干家，你不得不像训练身体一样训练你的心理。

没有人在说完“我想成为一个跑步者”的一两个月后就能在纽约马拉松比赛中跑过终点。为了成为一个跑步者，你需要一段很长的时间来慢慢训练自己的身体。如果你遵循本书中的训练计划，你会拥有更稳健的心血管系统和更强健的肌肉骨骼系统，从而毫不费力地完成一段距离的跑步。

你的心理也需要训练。你不可能今天觉得跑步者都是疯子，明天就有动力去跑 30 分钟的步。要像训练身体一样训练你的心理：适度，一致，为你的努力奖励自己一些休息时间。如果你做了这些事情，你的心理就会帮助你去实现目标而不是去破坏它们。

小结：

感觉太累了不想锻炼？下面是一些能够激励你的提示：

· 在一天中的早些时候锻炼。

· 不要熬夜——熄灯，睡觉。

· 减少高糖食物的摄入。

· 如果你在下班后锻炼，在傍晚稍微吃一点健康的食物以保持你的能量

（比如一个面包圈、一些水果或酸奶）。

· 尝试不同的锻炼活动，直到找到自己最喜欢的一种。

早上是跑步的最好时段之一，不仅从统计结果上来看更不容易受伤，而且在一天中早一些计划要做的事情一般都能够完成。

想象你自己是一名运动员

你首要的心理训练目标是把自己想象成一名运动员。不管你能跑多远，你都是一名运动员。不管你是由于什么原因来跑步——控制体重、保持健康、社交或者别的什么原因——你都是一名运动员。将自己投身于正规的训练课中，为了达到目标，给自己的心理和身体加以暗示，这样的话，你就肯定是名运动员了。一旦你系上一双好跑鞋的鞋带，你就和世界上最好的跑步运动员相差无几了。“噢，当然，”你说，“就好像我能够和世界上最好的跑步运动员一起跑步一样！”实际上，的确是可能的。举例说，如果你去参加伦敦马拉松比赛，你就会和世界上顶级的跑步者在一起跑步，在相同的路面，用相同的装备。尽管他们可能会很快消失在你的视野中，接下来好几个小时也不会出现。不同于别的体育活动，跑步这项运动允许业余爱好者和世界上最好的运动员在一起比赛。

你和那些在 3 小时之内完成马拉松比赛的运动员的唯一差别在于：他们训练的时间比你要长得多。当然，有许多天才运动员，他们好像能够毫不费力气地做任何体育运动，这些人有非常优秀的身体特别是心脏，因此有着让人惊叹的力量和耐力。但是，大多数情况下，他们看上去不费吹灰之力的表现是建立在成千上万个小时的艰苦训练基础上的。每个人都能艰苦训练，包括你自己。

当你把自己想象成一名运动员的时候，你会发现自己更积极向上了。大多数心理学家会告诉你，想象你是某个人会帮助你更容易学会那个人的行为方式。你可能只是一个业余级别而不是世界顶级的运动员，但是你的目标和努力和他们的相比只是程度上的不同，而没有本质上的区别。如果你学会尊重你的目标，并且认为你为之付出的努力是值得的，你也会变得更加自信。

用心地找，“乐趣”会来的

激励专家会告诉你塑身的最好方式是找一件你认为有乐趣的，并且

克里斯

克里斯跨过半百时，终于想改变一成不变的生活状态，想了解自己的健康状况了。这名64岁的连锁零售商店运营商决定加入一个跑步诊所。“最开始的确有点吓人，那里几乎没有和我一样老的人。但是当训练程序慢慢开始后，我发现自己没有什么问题。”

他健身水平的提高对婚姻也有积极的影响，克里斯补充说。他的妻子不能跑步，于是当他跑步路过他们那里的公园时，她穿着轮式溜冰鞋在他旁边滑过。

动力对他来说一直是个难题，但是他发现，如果精神上不情愿的话，最好的方法是叫上朋友，依靠朋友之间的鼓励去训练。“在下雨的晚上出门跑步特别艰难，但是我发现最好的办法是和别人一起去跑步而不是独自一个人。那就是我的秘密。我认为如果你尝试什么东西都自己一个人去做，你就绝不会完成它。”

能够让你改善健康状况的事情去做。当你刚开始跑步的时候，你可能会觉得它很难有什么乐趣可言。但是跑步的确有很多乐趣。一些人看上去天生适合跑步，他们从跑步本身能够获得很多乐趣。如果你不是这样的人，想想让你来跑步的首要原因。如果你想改善一下你的社交生活，那就想一想因跑步结识的新朋友们；如果你想寻求跑步的那种孤独感，那跑步刚好对你胃口；如果你是来改善你的健康状况的，想一想经过努力你距自己的健康目标又近了多少。

虽然这些想象中的乐趣在最开始跑步的时候可能体现不出来，但以后肯定也会慢慢显现的。当你完成 13 周的跑步行走计划，能够连续跑上 30 分钟或更长时间的时候，你会发现更多的乐趣。当你的心脏怦怦跳动的时候你会享受那种稳健的感觉以及身体内的能量。你会渴望见到你的跑步伙伴或团体，享受和他们一起的时光。或许某天你希望独自离开，跑步穿过世界边缘的某片森林，沉浸在自己的思想世界里。

怎样达到设定的目标：

· 设定可以衡量的具体目标。

· 尽量不要拿自己和别人作比较。

· 设定达到目标的期限。

· 设定有挑战性但切实的目标。

· 设定短期和长期目标。

· 设定积极的而不是消极的目标。

· 评估你的进程，花时间奖励自己。

寻求多变

大多数跑步初学者会满怀热情地开始参加这项训练计划，他们的这种热情建立在一系列环环相扣的目标上面。当你按训练计划往前推进时，你会面对不断增加的身体和心理压力，压力本身会激励你训练。能够在每个阶段完成这些任务也会让你有满足感。但是有时候这样是不够的。

大卫·考克斯博士，临床心理学家，曾经在加拿大参与过大量的体育训练计划，他建议跑步者要不断寻求新的方法来享受这项运动。举例说，可能在开始的时候你觉得在街道附近跑步就挺好了，但是过段时间后，这种感觉就会逐渐消退——你总是看见同样的垃圾，被同一只狗追逐，这样的情景重复了这么多次以至你无法再忍受了。当这种情况发生时，就是你需要改变跑步习惯的时候了。去别的地方跑步。去探索新的世界。你可以在公园里或者沿着海滩跑步。你也可以在郊外跑步，把狗带在身旁。你也可以更换每天跑步的时间。没有必要把跑步搞得一成不变。

和别人一起跑步

另外一种保持跑步热情的办法是和伙伴或者团体一起跑步。这样你不仅会获得所期望的社交机会，而且会变得更具有责任感——别人会期待你的到来。加入跑步团体有很多益处。跑步团体里的人就像丛林水塘里的生物一样，通常有很大的差异性，但是在跑步这件事上，大家都是平等的：当你们在路上一起跑步的时候，没有人关心你是脑外科医生还是快递员，是律师还是咖啡店的咖啡师，你只是跑步者中的一员。这些和你一起跑步的人可以激励你克服内心的惰性，你对他们也是如此。有时候还有一些别的益处,包括跑步之外的一些社交活动,比如早午餐或者晚餐会。你甚至可能遇到一些特别的人物。(跑步团体不是单身交友俱乐部，但也不是说就没有爱情开花结果这种可能性。)

让跑步成为你自己的时间

和别人一起跑步并不是对每个人都合适。有些人发现跑步是非常值得去做的，因为它提供了独处的机会。那些个人生活被工作和家庭占据的人会喜欢跑步，因为这是他能独处的唯一时间。体育心理学家大卫·考克斯相信，工作之后回家之前的跑步对这些人来说可能是每天最重要的事情。"有文献表明大多数人需要在工作和家庭的间隙放松一下，锻炼可以成为这两者之间一个极好的缓冲。有时候，工作之后，和家人接触之前的跑步锻炼真的可以对家庭生活有积极的影响。它是一种安全的放松方式，比泡吧或者回家喝一杯要健康得多。"

如果你被压力困扰，不停担心生活失去了平衡，一项常规的跑步计划可以让你拥有一片自己的天地,即使所有的事情都变得没有头绪，至少这样的一片天地是你能够掌控的。这种自主掌控的感觉会伴随你的余生。

伴随着社交媒体的出现，网络正在成为我们个人和职业生活中不可缺少的一部分。事实上，发现和你一样想要学习跑步的人并不总是一件容易的事情，因此加入一个线上跑步互助团体也许能够为你提供你要寻求的帮助。网上也能找到大量的有用信息，但是不要依此来更改你的训练计划。坚持这项 13 周运动医学跑步行走计划吧。

没有时间锻炼？

· 午休的时候去做一次轻快的行走锻炼。

· 提前几站下车，然后走回家。

· 组合活动——在健身自行车上读书；通过和朋友们散步来增进交往；边看电视边在跑步机上跑步。

记录你的跑步情况

在前几章我们提到过，记训练日志的习惯可以帮助你保持动力。就像和朋友一起跑步一样，日志本也会起到问责的效果：如果你开始写日志了，你会发现很难推卸自己的责任，因为日志上的那些空白页

特蕾莎

特蕾莎37岁那年，第二个孩子的出生让她意识到她需要把跑步变成生活中的一部分。“大概我第二个孩子出生后的第4周，我看着镜子，发现自己的样子和以前不一样了。”她回忆道。现在特蕾莎虽然有一份很忙碌的护士工作，需要带两个孩子，但是她从来没有觉得找时间跑步是一件困难的事情。“你总能有半个小时或一个小时，”她说，“你要做的只是让自己站起来，然后去训练。”

她有两个有用的办法。一个是，她把跑步尽量安排在一天的早些时候。“如果每天我早些告诉自己我应该去做什么，我常常就去做了。”另外一个办法就更妙了。“如果我感觉不想去训练，不管怎么样我都穿戴上跑步装备。当我穿上以后，走出去跑步就变得自然而然了。”

正在盯着你的脸看呢。

记日志还可以帮助你安排训练课程。试想一下你在时间预约本上写上了“周三下午 4 点训练课”，如果有人给你电话想约你那天下午 4 点半见面，你会告诉他那时你有别的安排了，然后建议他安排别的时间。一个固定的时间安排可以给你对与训练有时间冲突的事情说“不”的勇气。

缓解压力提示：

· 经常锻炼。

· 合理饮食。

· 保持睡眠充足。

· 别因小事而烦恼。

· 多想想事情积极的一面，以让自己冷静下来。

· 学会说“不”。

· 设立优先权。

· 保持冷静。

· 全力以赴，但也要学会顺其自然。

宽恕自己

当然，会有一些由于各种原因而不能去训练的日子。你可能已经按照本书的计划训练 5 周了，已经取得了很大的进步，感觉自己棒极了。你或许减掉了一些体重，开始体会到锻炼的一些额外益处。然后，由于发生了一些事情，你的训练中断了。或许你要去度假，或者你工作上有太多的压力，结果就是找不到时间去跑步。由于错过了好几周的时间，你会想自己也许又回到了原点。

这不是失去信心的时候。至少你的健康状况可能比原来要好了。一旦你有了现在的健康基础，只需要花很短的时间就可以重新达到同样的健身水平。

即使最糟糕的事情发生了——你退出了，不得不回到 13 周计划的最开始，一切从头开始——那又如何呢？很多人还曾在成功戒烟之前反复多次呢。这并不会让你的最终目标或者最后的成就少了任何一点价值。你要知道，杰出的运动员通常使用和这个 13 周计划类似的计划来从受伤中恢复。如果对他们来说回到原点是没有问题的，那么对你也是一样。

以正确的方式和自己交谈

大多数运动员都会发现他或她最强大的对手往往是自己。体育运动是一个不断犯错误的过程，重要的是，参与者能够超越错误，尊重自己,改掉错误,然后下次做得更好。按体育心理学家大卫·考克斯所说，消极的交谈往往导致消极的结果。下次如果你发现自己在消极地自言自语时，问问自己这样做是不是能让你更好地做目前正尝试做的事情。如果你发现坚持这个训练计划比较困难，不要告诉自己会失败，试着坚持相信自己可以完成这个 13 周训练计划。

利用热身来激励自己

如果经过一天的工作，你感觉很疲乏，热身可能会有你想象不到的效果。除了让你的身体为锻炼做好准备并避免受伤之外，热身还可以从心理上让你动起来，给大脑输入更多的氧气，也可以刺激你以给你动力。如果你实在不想跑步，说服自己不管怎样都要做一下热身运动。当热身结束时，你可能会发现自己想要跑步了。

如果你的确强迫自己去训练了，无论你内心多么不情愿——你的身体发出想要休息一下的信号，但是你没有听从它——过一段时间，你会对自己能够克服惰性和惯性感到满意，你赢了。这种胜利会自我激励。你赢的次数越多，你认为自己能赢的次数就会越多，你认为自己能赢的次数越多，你赢的次数就会越多。

提醒自己事情会变得更容易

你的训练进展越大，训练就会变得越容易一些。在跑步 3~4 个月的时候，跑步对你来说很可能还是一件有意为之的事情。按照蒂姆·诺克斯博士所说："困难在于如何度过刚开始的彷徨阶段，比如总是想到自己的脚或者呼吸，怎样才能不去跑下一圈，或者再跑一圈会不会

雷蒙德

虽然雷蒙德一直想跑步，但是他直到 60 岁退休时才准备好。"从心底里我总是想要做一做，看看自己能不能做到。"他的妻子听说了这个 13 周的跑步行走计划，雷蒙德决定试一下。"对我来说最开始是非常困难的，有很多次我觉得我完成不了。"他说。

雷蒙德说有两件事情让他完成了这个训练计划并参加了 10 公里跑步比赛。"第一，我是那种倾尽全力的人，所以没有严格的训练计划的话我很可能会一开始跑得太远太快，最终认为跑步不适合我。"第二件呢？"有几次我想到了放弃，但是我的妻子不让我放弃！"

要了自己的命。”“但是度过最初的几个月后，跑步就变成了一种无意识的行为，”他又说，“最后，由于心理已经习惯了，你跑步的时候不再思考那些事情。只要有足够的时间，你的心理会和心血管及肌肉骨骼系统一样产生变化。”

你不仅从心理上对训练感到更加轻松，而且如果你认真遵循这个训练计划而不越过一些训练计划的话，你不用花费太多力气就可以从一个训练水平达到下一个水平。

保持心理彩排

心理彩排就是想象你正在做打算要做的事，这是一种让你的心理和身体做好准备的方法。

想想当你睡着的时候会发生什么事情。在生命中肯定有这么些时候，你做了一个很真切的梦，它让你有一种很真实的感觉，有时候真切到能让你醒来。你陷入了当时的情绪而无法把梦和现实分开。它在你的意识中留下了如此深的烙印，你很难将它消除掉。在你清醒时，心理活动具有同样的力量，它可以带动身体去训练。想象你站在自己最喜欢的跑道上面，从起点开始，感觉你的心率加快，气体在肺部进进出出。想象你感觉到自己强壮而有生气，只要你愿意，就能够轻松地跑完路线然后跑上附近的一座高山。现在你会想去跑步了吧？

人们想要开始一项训练计划是因为他们想要改善自己的健康状况，但是他们继续下去是因为他们享受这一过程。

克服障碍

生活是艰难的，借口也很容易找。下面是训练中常见的几个障碍以及一些克服它们的实用方法。

• 你是一个忙于工作的妈妈，你对于工作之余还进行锻炼心存愧疚……提醒自己，一个健康的、高兴的、积极向上的妈妈更有能量和耐心照顾家庭。

• 你讨厌自己的样子，你不想别人看见你的身体……可以穿实用的且舒服的衣服，甚至可以在私密一些的地方跑步。当你开始感觉锻炼计划让人更舒服的时候，你对自己的感觉也更好一些了。

• 你在办公室工作了一整天，你还有社交活动和家庭义务要优先考虑，你累得要死所以不能再跑步……疲倦是会自我复制的。看上去很矛盾，但是为了得到能量你必须耗费能量。你做得越多，你能做的就越多。

• 下雨了。太冷了。太热了……穿上适合天气的衣服，然后出去训练。

小结

1. 专心训练，但是要听从你的身体，如果你病了或受伤了要考虑休息一下。

2. 通过想象自己是个运动员来保持动力，寻求多变，和别人一起跑步，把跑步当成与自己相处的时间。

3. 当你错过了训练或者跑得不好时，要原谅自己，记住即使是最好的跑步者也会脱离训练几天。

4. 把注意力集中到自己的成就、正在努力的目标和训练后那种美好的感觉上，保持积极的心态。

6　在一起跑步的家庭

孩子从父母那里学会饮食和锻炼。研究表明，那些经常在一起锻炼，并且把锻炼看成生活中一部分的家庭，他们的孩子更容易把锻炼当作每天要做的活动。不管你是带着你 7 岁的孩子在公园里面走半小时路，还是带着你的狗和慢跑婴儿车跑步，关键的一点是你们在户外，远离了电视——在运动。

我们都知道那种久坐不动的生活是不好的，但是我们也都知道，找到开始运动的时间和动力，并且坚持运动，是很不容易的。工作、家庭和怀孕这些事情可能使得坚持任何健身计划都非常困难。从怀孕、慢跑婴儿车到教你的小狗和你一起跑步，本章会提供针对以上问题的健身策略，让你在家庭成长过程中仍然坚持运动。

怀孕期间跑步

在你的周围发现锻炼的孕妇并不是一件困难的事情。她们无处不在：有的在瑜伽课上做拉伸运动，有的在社区健身俱乐部举重，有的在社区的小路或者街道上慢跑。但是仍然有许多妇女询问在怀孕期间跑步和锻炼是不是合适。简洁的答案是“是”。《健康分娩：产前健身计划》（*Fit to Deliver: Prenatal Fitness Program*）的合著者卡伦·诺达尔博士说：“女性只要感觉舒适并且没有怀孕和骨科并发症的话就可以坚持跑步。事实上，那些怀孕之前经常跑步的女性会发现她们怀孕后还能跑很长时间，有一些女性甚至可以跑到分娩前不久。”

如果你怀孕之前不跑步的话，怀孕就不是开始跑步的合适时机。试试行走、拉伸或参加本地社区中心的产前锻炼班。

诺达尔博士在《健康分娩》中讨论了产前锻炼计划对于妈妈和宝宝的重要性。据诺达尔的研究，为准妈妈们设计的健身方案可以让她

珍

珍35岁，是两个孩子的妈妈。她定期参加瑜伽班，每周跑两次步，经常和她的孩子们散步，她两个孩子都是剖宫产的。但是，在她第一次生产后，她发现很难再恢复到以前有活力的生活方式了。“我的医生建议我至少6周以后才能继续任何形式的锻炼，但我用了更长的时间。”

对珍来说，在产后最开始的几周，她大多数时间是在床上度过的；上下楼梯和费力的行走活动是被禁止的。6周后，珍可以舒适地到处活动了。如果她愿意的话，她可以开始轻松的慢跑，但是她等了几个月才回到曾定期参加的瑜伽课上。“瑜伽对我来说是剖宫产后一种很棒的锻炼活动。从身体上来说，我可以进行锻炼了，但是心理上还是脆弱的。”

珍现在准备要第三个孩子以及第三次剖宫产。她通过瑜伽、行走和轻松的慢跑来保持健康。她打算要比上次分娩后更快地回到瑜伽课上，因为，从经验来看，她相信这些课对她整体的恢复有利。

们变得强壮和健康，相对于久坐不动像倒计时般等待分娩的准妈妈来说，她们的孕期会更舒适一些，分娩时也会更顺利一些。锻炼的好处影响深远，比如减少怀孕引起的糖尿病和高血压发病率，以及降低剖宫产概率，缩短分娩时间。而且，测试表明，锻炼的妈妈生出的幼儿会比不锻炼的更早、更有效地学会运动和语言技能。

准妈妈们的锻炼可以：

· 提高能量水平。

· 与产后抑郁作斗争。

· 为分娩的压力作准备。

· 改善睡眠质量。

· 减少患妊娠糖尿病和妊娠高血压的机会。

· 保持健康的体重。

· 帮助氧气输送到血液中（这样可以提高能量水平）。

· 促进肌肉的张力（在分娩过程中会很有帮助）。

· 避免一些常见的毛病，比如腿抽筋和便秘。

产前和产后妇女的营养提示

注册体育营养师帕特里夏·查莉说："整体来说，为普通大众推荐的健康饮食对于孕妇和哺乳期妇女也是适用的。"下面是她的一些建议：

• 重视全谷食物，足够的颜色鲜艳的水果和蔬菜，低脂牛奶或牛奶替代品以及瘦肉、鱼、家禽或者别的蛋白质来源。

• 一天吃 3~4 次乳制品或者别的强化乳制品替代品（一次包括一杯

牛奶或别的强化饮料，150 毫升酸奶或者 50 克奶酪）。

• 每天选择一些含铁的食物：肉类、家禽、鱼、麦乳、强化面包、谷物、强化豆腐、白芸豆、菠菜和牡蛎。

• 每 2~3 个小时吃一顿饭或零食。

• 选择适合的休闲食品。

• 每天至少喝 6 杯液体，包括水。（你会愿意看到自己的尿是清澈的。）充足的水分对于怀孕期间锻炼和哺乳期间要保证奶水的妇女来说是非常重要的。

• 在头 3 个月，那些不锻炼的女性每天会比怀孕前多摄入大概 100 卡路里的能量（相当于一顿额外的零食）。之后，妇女每天需要多摄入 300 卡路里能量（相当于两顿额外的零食或者每餐的量稍微多一些）。如果跑步的话，她需要摄入更多的能量，至于具体多少则和锻炼的时间和强度有关。

• 听从你的身体，让你的食欲来指导你的进食。这就意味着要根据体内饥饿提示尽可能多地选择吃健康的食品。（避免被外界的刺激影响你的进食，比如社会压力。）

怀孕女性跑步的注意事项

虽然大多数妇女在怀孕期间都能经常锻炼，但是如何聪明地跑步仍然是非常重要的：

• 如果你怀孕前就不跑步，那么现在不是跑步的好时机。你可以尝试一些别的运动，比如行走、游泳或者孕妇瑜伽等——本章后面部分会讲到。这些运动对你变化中的身体会产生更少的震动。

• 监控任何盆腔和腹部的不舒适。如果你在跑步或震动强烈的运动之后有疼痛感或者出血症状，尽快与你的医生联系。

• 如果跑步太不舒服了，尝试行走、游泳或者在泳池里跑步。这些都是非常好的运动，它们给身体的压力更小，但是仍然提供了很好的锻炼效果。

• 运用常识：避免在过于炎热或者潮湿的环境中锻炼，避免任何程度的脱水。

• 确保你不要锻炼得太辛苦，你可以用说话来测试一下。如果你发现说话太困难了，你就运动过度了。如果这种情况发生了，停下来，休息一下，直到你的呼吸频率变正常并且可以轻松交谈。

• 医生已经不再建议孕妇在锻炼的时候监测最大的脉搏数，现在也没有证据表明在你的脉搏达到某个预定数值的时候需要限制运动。

• 在怀孕的最后阶段，大多数妇女会感觉重心的“移动”，这意味着你的平衡能力变弱了。如果你在这时候发现跑步不舒服，那就该停下来然后尝试一些别的事情。如果你能够跑到分娩前，要避开崎岖不平的地面，选择平坦的路面。

除了跑步，我还能做什么来保持健康呢？

正如物理治疗师丹尼斯·莫贝所说：“对所有的准妈妈们来说，听从她们的身体是非常重要的。”对一些妇女来说，不管她们的健康状况如何，在怀孕期间跑步是非常不舒服的。对另外一些来说，她们的医生出于健康的原因不建议她们跑步。但是不要沮丧，这是一个尝试新运动的好机会。别的训练内容也可以让你的身体在恢复经常跑步之前保持健康。记住，这段时间你不应该把注意力放在如何提高健身水平上面，保持活力和健康才是更好的目标。下面是一些可选择的运动：

游泳

• 很棒的没有冲击力的锻炼。

• 在身体的强度、肌肉耐力和呼吸可控制的范围内，帮助你保持有氧运动。

瑜伽

• 保持能量、强度和柔韧性。

• 运用静态的拉伸、运动、呼吸和放松技巧。

• 通过许多不同类型的课程有效地保证各种锻炼。

• 课堂环境可以为你提供与其他学员和教师之间的交流机会。

莱西

莱西是个35岁的科学家，也是两个孩子的妈妈，她在两次怀孕期间前6个月都坚持跑步。“我跑得不快，但是我真的很享受每周跑几次步。当然，如果我记录下这6个月的跑步量，看起来也没有多少。我有些担心会摔倒，于是跑得慢，像是行走。”莱西决定换到快速行走锻炼，并且参加本地社区中的产前和产后锻炼班。她发现这些课是保持健康以及遇见其他妈妈的好方法。

莱西用母乳喂养两个孩子直到18个月。“我的邻居也跑步，所以我们可以交替照看孩子，让另一个妈妈去跑步。在母乳喂养期间，我确保第一时间喂我的孩子。”因为她在怀孕后不久就立刻开始锻炼，所以她的孩子不会拒绝锻炼之后的乳汁。“一些妈妈告诉我，她们的孩子对母乳比较挑剔，但是我自己从来没有发现过这种情况。”

生活中的活动

每天的活动也可以增强你的能量水平，对比较忙碌的人而言，短时间的日常活动可能比一些交叉训练活动更容易适应一些。下面是一些例子：

- 园艺工作，清理落叶和修剪草坪。
- 家务活，比如清洁、吸尘、除尘和洗餐具。
- 不管什么时候都爬楼梯而不是乘电梯。
- 在午休时行走。

孕妇和哺乳妈妈跑步时的着装

孕妇现在有很多种孕妇装和锻炼装备可以选择，包括可以容纳正在变化中的身体的跑步紧身衣、短裤和背心。"女士体育"老板菲尔·摩尔说："很多孕妇现在穿特别设计的紧身衣，可以托在腹部下面。有些妇女仅仅穿着低腰的折叠式腰带紧身衣，它们对于孕妇非常有用。对日益膨胀的腰围而言，我的顾客常常发现新设计要比传统的运动服更合适，也更时尚。"他也注意到虽然在大多数商店还只能够买到样式更保守的孕妇装，但是 Danskin、Moving comfort、Insport、Brooks 这些体育用品店都提供时尚又舒适的孕妇服装。

虽然如此，如果你问起任何一个跑步的哺乳期妇女，她都会说要找到一件舒适并且能够尽量将乳房固定住的文胸是非常困难的。有些妇女发现，由于她们的乳房特别敏感而且沉重，她们喜欢那些能够避免乳房晃动的文胸。一些女性发现穿两件文胸是非常有用的，但也有别的选择。大多数文胸和运动服装生产厂商都会设计一系列运动文胸以满足不同妇女的需求，包括各种不同的尺码和款式。“有一些文胸现在被设计成了背心装，它们适合运动，而且方便哺乳，”摩尔说，“比如，耐克和冠军体育文胸这些生产商提供了很好的选择。它们使用的是合成吸湿排汗纤维，冬暖夏凉，帮助女性保持胸部的干爽。”

一双合适的跑鞋对于孕妇和哺乳妈妈们来说和锻炼服装同样重要。由于体重会增加，同时平衡能力在下降，购买一双能够满足脚部变化的鞋是非常关键的。（要一直记住，脚的尺寸会随着体重的增加而增加。脚可以“扩大”，脚弓也会下降。所有跑鞋制造厂商都会生产专门为女士而设计的鞋，包括不同的宽度，以满足最窄的和最宽的脚的需要。）向当地的跑鞋店寻求一些鞋子方面的建议，选择能够满足你需要的鞋子。

常见的关于孕期和产后的问题

• 问：对于我正在长大的乳房，我能做些什么？

答：物理治疗师丹尼斯·莫贝说：“怀孕期间乳房尺寸会变大，在哺乳期间甚至会更大。”莫贝推荐，怀孕的跑步者要穿大小合适的运动文胸，那些带 T 形肩带的文胸更能提供支撑力。

• 问：我的脚正在长大，为什么会发生这样的情况？

答：体重增加意味着脚上压力的增加，因此孕妇需要注意脚上穿的东西。你的鞋会更容易坏掉，因此要及时更换。如果你不确定你的鞋是否能给你提供足够的支撑，让跑鞋店的鞋类专家帮你检查一下。

• 问：现在我怀孕了，平衡能力非常差，我怎样做才能改善它呢？

答："随着腹部重量的增加，"卡伦·诺达尔博士说，"女士的重心会移动，但是尽管要多注意平衡，这并不会限制跑步的孕妇。"可以尝试一下平衡训练：瑜伽，或者单腿站立然后交替，或者这两个方法都用。除此之外，要避免在有碎石和树根的小路上跑步，以免摔倒。

• 问：我怀孕了，由于软组织的松动，我对跑步有些担心。我应该怎么做？

答：怀孕期间软组织会松动，尽管诺达尔博士指出，跑步可以让盆腔底变得强壮和更稳定，但怀孕的跑步者仍然要特别注意她们的身体。"如果妇女在双脚站立或者单腿站立时感觉到任何的盆腔疼痛，她们就应该停止跑步。"如果你不停下来，诺达尔说："这可能对骶髂关节产生剪力。"疼痛也可能发生在腹部，这是由于在跑步的冲击过程中韧带被过分拉伸了。同样不能忽视膝部、髋关节、腰背和脚的疼痛。如果出现上述任何问题，咨询你的医生，和他（她）讨论一下如何消除跑步的压力或者采用泳池跑步的方法。

• 问：我做过会阴侧切术，想继续跑步。我该怎么做？

答："会阴侧切术的疤痕和其他任何软组织疤痕一样，"莫贝说，"需要足够的时间来恢复。"她建议在继续跑步计划之前至少要等待 8 周的时间，尽管这可能跟个体有很大的关系。如果有感染或者恢复速度太慢的话则需要更长的时间。一旦恢复了，会阴侧切留下的疤痕就不再是跑步的障碍了。

• 问：我做了剖宫分娩。这对我继续跑步会有影响吗？

答：按照诺达尔博士所说："剖宫分娩会推迟妇女回到跑步计划的时间。剖宫产一般被认为是大手术，所以应该给身体恢复的时间。照顾新生儿的疲劳也会延后妇女重新开始锻炼的时间。"

宝宝来了之后

大多数女性在第一次怀孕期间会通过上产前班了解在分娩之前会发生什么，但是很少人上产后班来了解诸如如何在孩子出生后让身体快速恢复过来，以及为什么这样做对她们长期的健康非常关键等知识。当宝宝出生后，只要她们感觉不错，就可以继续跑步。保健专家一般建议自然分娩的妈妈等待两周时间，而剖宫产的妈妈们要等待 6~8 周时间。当然，重要的是在你重新开始训练计划之前要让你的保健医生检查一下。

加拿大物理治疗师黛安 · 李以胸椎、腰椎和骨盆的残疾和疼痛等方面的创新性临床治疗闻名于世，她介绍说，怀孕和分娩都会增加失禁（漏尿）以及由于不可避免的腹壁、腹部和骨盆底肌肉的伸缩而引起的背部及盆腔疼痛的风险。腹壁和骨盆底的软组织过一段时间后会恢复，一些肌肉仍然保持无力的拉长状态，另外一些肌肉则仍是紧致有力的。

腹直肌分离会导致重心不稳。因为这个原因，每位新妈妈在恢复训练之前都应该让物理治疗师做一个评估以保证所有在分娩过程中受伤的软组织已经恢复了，腹壁也已经关闭了，肌肉正常工作了，盆底肌的功能也恢复了。

跑步前，你或许想尝试一下快步行走。妈妈们在开始尝试跑步行走计划之前应该在合适的地方走大概 1 个小时。第 4 章介绍的 13 周跑步行走计划中含有温和保守的训练方式，它可以帮助你尽量减少连续跑步时产生的冲击，让你慢慢回到跑步运动中。

和怀孕期间一样，妈妈在母乳喂养期间保持足够的水分是异常重要的。“如果在你训练后，阴道流出的液体明显增加了，那就代表你训练过度了，你下次应该减小大概 10% 的训练强度。”卡伦·诺达尔博士说。你会发现你的乳房变大了，特别是在母乳喂养期。选择好的运动文胸很关键。

苏茜

苏茜是一位 33 岁的单亲妈妈，也是一位活跃的教师。她每周跑几次步，参加过许多铁人三项赛。当决定要孩子时，她知道保持一种有活力的生活方式对健康和幸福非常关键。她自信地认为带着小孩子跑步和行走是没有什么问题的。

莉莉出生 1 个月后，苏茜收到了一份祝福小宝贝出生的礼物——一辆慢跑婴儿车。她决定等到莉莉 6 个月后再开始做一些比带她散步强度更大的活动。在莉莉 6 个月的时候，她把莉莉放到婴儿车里面然后跑了 45 分钟步。但是她回家时却感觉精疲力竭和失望沮丧。婴儿车很重，推起来非常难，莉莉在大部分时间里都有些不安。苏茜非常沮丧，不知道这个婴儿车合适与否。

一个朋友告诉苏茜，或许她的期望太高了。她说苏茜的健身水平在怀孕期间可能下降了。苏茜勉强调整了她的目标，两天后她发现在海边平坦的场地上锻炼很完美。经过 1 个月的行走 / 慢跑，苏茜能够慢慢跑 30 分钟了，莉莉在婴儿车里面也更舒服了。

给母乳喂养的妈妈们的提示：

· 为在锻炼时感觉舒适，选择一个非常合适的、有支撑力的运动文胸。

· 确认在跑步之前喂过宝宝了或者挤了乳汁，以此来减轻你的乳房重量，这让跑步变得更舒适,并保证你的宝宝在你跑步期间不会挨饿。(有些报道说，锻炼后的乳汁中乳酸的量会增加，这样味道可能会改变，但是许多哺乳妈妈说这没有问题。)

· 带一个水瓶，保持足够的水分。缺少水分的标志是深色的尿液、干燥的嘴唇和皮肤。

和家庭成员一起跑步的提示：

· 要愿意改变自己的训练方式，把你的小宝贝放在婴儿车或者慢跑婴儿车里面，然后你就可以带着他（她）跑步。

· 让你的伴侣骑自行车跟随着你或者和你一起跑步。

· 鼓励你的孩子在你旁边溜旱冰、骑自行车或者滑轮滑。

· 尝试“目的地”跑步：跑到最近的一个冰激凌店。在跑完步后和小孩子一起野餐是另外一个激励他们的方法。

凯格尔氏运动

凯格尔氏运动是以发明这项运动的医生名字命名的，这项运动可以锻炼与骨盆骨相连的盆腔底肌肉——骨盆骨就像吊床一样支撑着你的盆腔器官。(要感受这些肌肉，你可以尝试先憋尿然后再释放。）诺达尔博士和物理治疗师丹尼斯·莫贝建议每天在小便后（为了避免尿潴留和可能的膀胱感染）慢慢重复 10 次凯格尔氏运动。

核心锻炼

身体的核心肌群包括躯干和骨盆上的那些肌肉，它们负责保持人体姿势。在怀孕和分娩期间，这些肌肉的作用是巨大的。通过增强这些肌肉的力量，当你又开始跑步时，它们就能够更好地支撑你的腰背部和骨盆区域。

强壮的核心部位也就是腹部，可以帮助行走者或者跑步者使用正确的技巧。核心肌群强壮不是指你有看得见的 6 块腹肌或平坦的腹部，而是指腹部力量的增强。为了效果更好，你可以咨询一下力量和体能专家，他们可以帮助你制订一个计划，让你在训练中加入核心锻炼。

选择正确的婴儿车

对于许多爱好运动的父母来说，购买合适的慢跑婴儿车或者折叠婴儿车对于他们的健身计划来说是很关键的。你的小孩子从婴儿期一直到能平稳走路的时期都会一直用婴儿车，这个时间通常有 3 年之久。但是有这么多的选择，你怎么知道该选择哪一个买呢？

首先，要考虑你们的需求：

• 如果你在大多数时候带着孩子在城市中行走，那就选择一辆很机动的能在路边的杂货店或者狭窄过道通过的婴儿车。一个相对来说不贵的轻便婴儿车是你最好的选择。

• 如果你计划和小宝宝一起跑步或者带他（她）穿越不平的路面，花更多的钱买一个坚固的慢跑婴儿车或许是更好的选择。

• 多试用一些慢跑婴儿车，争取找一个对你和你的伴侣来说都正好合适的。每个婴儿车的感觉都会不同。举例来说，有一些婴儿车在边角的细节设计可能比别的要好一些。

• 慢跑婴儿车在高度、长度和座位尺寸上都会有所不同。如果你或者你的伴侣身材高大，你的孩子可能也会比一般的婴儿个头大一些。在这种情况下，你可能想要选择一辆加大加长的婴儿车。

慢跑婴儿车的基本特点

• 有坚固的框架，不容易坍塌，在打开的情况下有一个便捷的制动装置。

• 车轮很容易保持直线行走。

• 把手在与腰齐平或者稍低一点的位置。

• 手闸容易制动轮胎。

• 有一条结实的带子，可以用来围着你的小宝贝的腰部，穿过两腿之间，把他（她）固定好。

• 肩带可以调整。

• 有一个可以调整的遮罩，还有一个专门应对下雨天的可以移除的雨篷。

• 有口袋或者存储空间以放置尿布、水瓶、零食等。

小宝宝多大以后坐婴儿车出门是安全的呢？

大多数健康护理专业人员建议等到宝宝有一些颈部力量——通常为 6 个月左右——后再使用慢跑车。最开始你可以在人行道上而不是在小路上跑步，这样可以给小孩子头部更好的支撑力。但如果只是散步的话，没有必要等 6 个月以上才带小宝宝出去。

在小宝宝出生几周后带他（她）出去走走是一个非常好的呼吸新

鲜空气的方法，你还可以享受一下环境的变化，而不仅仅局限在换尿布和喂奶的世界中。行走对小宝宝的健康和成长也是很有好处的。按照物理治疗师丹尼斯·莫贝所说：“小孩子会模仿他们父母的所作所为，因此为他们树立一个好榜样是越早越好的。”你没有必要在孩子出生后不久就出去训练，如参加一个 10 公里的赛跑，但是定期的行走或跑步计划可以帮助你的小宝贝形成健康的生活方式和习惯。

带小宝宝出去跑步的提示：

至少要等到宝宝满 6 个月才可以带出去跑步。在他们承受慢跑婴儿车的颠簸之前要确保他们的脖子已经足够坚实，可以保持脑袋直立。记住：

• 在宝宝满 6 个月之前你也可以带他（她）出去散步，这是没有问题的，但是要避免崎岖的路面。此外，你的小宝贝还没有足够的力量支撑起他（她）的头，他（她）的颈部非常容易受伤。

• 第一次带着婴儿车出去跑步或者走路的时候，要选择简单的路线，要坚持在平坦的路上或者没有什么颠簸和转弯的人行道上行走。你需要一些时间才能掌握推婴儿车的窍门。

• 如果你是跑步新手，在家附近找一条短的路线，这样如果你累了可以很快回家。如果你还不累的话，可以跑两圈。

• 确认你带上了水和零食。不管你体力多好，推婴儿车都是一件困难的事情。

• 如果你是爸爸，或者不喂奶的妈妈，在你外出跑步的时候可以带一瓶奶，为小宝贝饿了作准备。带一个嗷嗷待哺的小宝贝回家可是非常漫长和吵闹的。

• 跑步时要带上与天气相适宜的婴儿车罩。现在任何质量好的慢跑婴儿车都包含不少外罩，它们几乎可以满足所有的天气条件，并且非常方便拆除。

针对想跑步的小孩的建议

不顾小孩子的跑步能力而制定统一的规则和建议是不切实际的。这是因为孩子长大和发育的速度是不一样的，因此按生理或骨骼年龄把从出生到发育期的孩子笼统分组就更不可能了。因此，为那些想训练公路赛、田径或越野的孩子制定的规则和建议应该是合理的，并且要基于孩子个体的能力。

按照儿科医生特伦特 · 史密斯博士所说：“家长的期望值应该灵活一点儿。优先考虑锻炼小孩的活动能力而不要直接开始跑步。孩子早期越活跃，他们在跑步计划开始后就越愿意去训练。”

最好根据常识来做孩子青春期前的训练计划。加拿大儿科协会对这类跑步群体没有什么清晰的建议。史密斯博士说跑 10 公里对大多数孩子来说可能太多了，但是那些参加过几场 5 公里赛跑的 5、6 年级学生在经过一些训练之后参加 10 公里的赛跑可能没有什么问题。

孩子应该怎么训练

那些想要完成 5 公里或 10 公里赛跑的孩子需要按照与大人同样的方式来训练，但是父母和老师要让跑步训练的过程一直充满乐趣。通过玩耍来驱动孩子们训练，他们可能更容易振奋，然后每天都想去训练。如果孩子们认为训练是一项艰苦的工作，很可能就不会坚持训练到十几岁或长大后。

你的孩子跑步吗?

· 确保你的孩子有一双合适的跑鞋。

· 确保跑步计划是为孩子设定的，而不是为父母——孩子需要乐趣。

· 让你的孩子每隔一天跑一次步。小孩不应该每天都跑步。

· 保证你的孩子在训练的时候每 10~15 分钟喝一次水。

· 仔细观察温度：你的孩子对极端温度比你更敏感（太热和太冷都是），他们需要穿合适的衣服。

· 如果你的孩子抱怨疼痛，去看一下运动医学医生。

让孩子们的跑步变得有意思

如果你的孩子表现出了和你一起去跑步或者行走的意愿，那么就鼓励他骑自行车来陪伴你。在看到你跑步后，你的孩子可能会发现跑步的乐趣，然后也想跑步了。

如果是这种情况，你可以考虑探索一下本地的小路来调整这个跑步行走计划。让你的孩子沿着小路跑到一个特定的地标处，比如一块木头或者一棵树处——然后等待妈妈或者爸爸赶上来。然后在孩子重新跑之前走到另一个标志性建筑。如果不容易找到小路，你可以在附近跑步：你的孩子可以跑到街区的两端，或者沿着校园栅栏跑。要注意孩子们不会享受成人跑步的方式。让跑步变得有意思点，比如在野外定向或寻宝活动中穿插跑步，孩子们会认为他们是在玩游戏而不是在上训练课。

和家里养的狗一起跑步

狗是最好的激励者之一，它们可以激励我们从沙发上站起来，走上健康的健身道路。你很难找到比狗更有活力更守信的伙伴。常健身的狗也会比那些久坐不动的更有活力、睡眠更好、对周围更警醒。当然，像人类一样，狗天生也是不一样的。有些品种或体形的狗更适合跑步一些。好的跑步狗是中等体形，22.5~31.5 公斤重，短的或中等长度的毛发。证据表明，退役的赛犬、拉布拉多犬、寻回犬、雪达犬，以及工作犬比如边境牧羊犬和雪橇犬都擅长跑步。不擅长跑步的种类包括大丹犬和一些小型犬比如吉娃娃，因为它们的腿短。扁平脸的狗比如巴哥犬和拳师犬也不擅长跑步，因为它们呼吸比较困难。

准备出发

一般而言，狗的主人需要等到它们完全长大以后再和它们一起跑步。对于小一些的狗来说，你要等它至少长到 6 个月；对于大一些的狗，则要等到它大概一岁的时候。

如果你经常跑步并计划让你的狗陪伴你做大多数的跑步训练，最好让兽医检查一下，以保证它没有肺部、心脏或者关节问题，这样你的狗才可以跑完你计划中的距离。

狗看上去天生会跑步，因为它们很热情，也几乎不会拒绝和主人一起跑步。但是跑步过程中的反复冲击、跑步的速度和时间对一些狗来说可能会比较困难而且有伤害。无间歇的跑步对狗来说是非自然的。

它们是聚集型动物，有一种强迫自己跟上队伍的天性。

大多数兽医和驯狗师建议狗不应该跑超过 5 公里，尽管它们可能会表现出远距离跑步的能量和热情。如果与你的宠物一起训练，在计划跑步距离和时间时要谨慎和保守一些。

即使你的狗很擅长跑步，也要为你的狗设计一个跑步计划。这个计划应该持续数周的时间,逐渐增加跑步的距离和时间。通过这种方式，狗的耐力会随时间慢慢增强，而且会减少那种由于过于紧凑的安排而造成的疼痛和痛苦。

狗运动过量的一些警示包括唾液增加、呕吐、呼吸不规则以及步伐不均匀。如果你的狗出现了这些症状，让你的狗停下来休息一下。如果症状没有好转，带你的狗去看一下医生。为避免狗跑到车流中，要确认它在你的身旁。如果在小路上跑步，要保证你们身处比较宽敞的区域，要注意路边的小孩子和自行车，以避免狗分散精力或者发生碰撞。如果你们在炎热天气跑步，要注意狗散热的方式和人不同。它们会通过喘气和脚底排汗散热，可能会很快过热。确保你带了零食和水让它们保持水分和快乐的情绪。

小结

1. 有活力的父母通常会让孩子和他们一起锻炼，这样孩子长大后更可能会保持每天锻炼的习惯。

2. 只要女性感觉舒适、没有并发症，且在怀孕前也经常跑步，那么在怀孕期间跑步是一个保持强壮、健康以及为分娩作准备的极好的方式。

3. 如果在怀孕期间感觉跑步太困难的话，可以考虑游泳、瑜伽或者别的锻炼方式来替代跑步。

4. 核心锻炼和凯格尔氏运动可以强化那些在怀孕期间变弱的腹部和盆腔底的肌肉，也可以帮助新妈妈更快更容易地回到锻炼中。

5. 计划家庭训练的时间，使用慢跑婴儿车，或让小孩子在你旁边骑自行车或者跑步，甚至可以带上家里养的狗。

7　成为更好的跑步者

你在跑步，而且喜欢跑步，还想成为更好的跑步者。在本章，我们会提供一些建议以改善你的跑步技巧。当然你还可以做很多别的事情来成为一个更好的健身者并改善你的健康状况，所有这些也都可以帮助你成为一个更好的跑步者。你可以选择交叉训练（其中又有很多种可供选择）、力量训练和拉伸运动。

交叉训练

交叉训练意味着参加不同的训练活动。几乎所有能让你喘气的活动都可以：滑雪、骑自行车、游泳、直排轮滑、滑冰、徒步旅行、攀登、循环训练和听着音乐的有氧训练等都是非常棒的选择。跑步之外再参加一种这样的训练，可以增强整体的健康和全身各部分的力量，而不是仅仅增强那些跑步能锻炼到的部位的力量。

交叉训练的好处包括可以让某些肌肉组休息，也可避免运动员无聊。不同种类的训练可以起到心理上的推动作用。

交叉训练也能减少受伤的风险。遵循这个 13 周跑步行走计划可以给你的身体——从心脏到跟腱——最好的机会以适应跑步的应力和应变。跑步可能让你的身体不适，特别是如果你天生就有一些生物力学上的不平衡（比如高弓足或者膝盖骨不正），或者你曾经受过伤。参加别的有氧运动可以起到许多与跑步相同的效果，比如增强力量、耐力、控制体重以及强健心血管系统，还可以把应力转移到周围，这样就不会让身体的某个部分一直承担了。一些体育活动，特别是骑自行车、游泳、直排轮滑和越野滑冰，施加在肌肉骨骼上的应力非常低。所以，通过交叉训练你可以变得更强壮，更健康，可以让你的关节、膝盖以及臀部从跑步的冲击中休息一下。

交叉训练可以增强体力，从而让你成为一个更好的跑步者，而只是通过跑步来训练往往达不到这个效果。蒂姆·诺克斯说如果他的职业不是跑步的话，他会参加更多的铁人三项赛。“马拉松和 80 公里起的超级马拉松可以让你真正精疲力竭。”

骑自行车是跑步者通常最喜欢的交叉训练之一。骑自行车主要增强你的股四头肌（大腿前侧的大肌肉群）的力量，而跑步主要用的是腘绳肌（大腿后侧的大肌肉群）。增强对立的肌肉群组合（比如股四头肌和腘绳肌，参见第 213 页“力量训练”）的平衡力量对避免受伤非常重要。

跑步者通常选择的另一种活动是越野滑雪，因为它是非常大的挑战，可以锻炼到身体上的每块肌肉。当然，你的滑雪机会会受你居住的地方的气候限制。

可以在任何气候中进行的泳池跑步最近很受欢迎。基本上，你只需要穿着漂浮装备在深水中慢跑就可以了。泳池跑步通常是一些专业人士及那些处于受伤恢复期中的人会选择的运动。

马克·施皮茨是交叉训练的倡导者，这名美国游泳选手称霸 1972 年的男子泳坛，在当年的奥林匹克运动会上赢得了很多奖牌（其中 7 块金牌）。施皮茨说现在的游泳运动员比他那个时代的快得多的原因是他们没有把所有的时间都花在泳池里面，相反，他们做交叉训练，通过别的方式来增强身体力量。不管你处于爱好者水平还是竞技水平，交叉训练实际上都能够让你变成一个更好的跑步者。

交叉训练的另外一个好处是当尝试不同的运动时，你可以发现另外喜欢的运动。如果是这样的话，你可以按照你学会的 13 周跑步行走计划中的一些原则来帮助你适应新的运动。

如果你把锻炼作为控制体重的措施之一，你可能会想知道那些跑步之外的锻炼需要多少能量。下面列举了强度从小到大的不同活动，这个列表表明，较快速度的跑步（每公里 4.5 分钟）在燃烧卡路里方面是更有效的。

下面按强度从小到大的顺序列出了一些活动：

- 排球（休闲）
- 骑自行车（休闲）
- 网球（休闲）
- 行走（中等速度）
- 自由重量循环训练[①]
- 团体健身（中等强度）
- 游泳（慢速）

---

①自由重量训练是相对于固定重量训练来说的，主要包括哑铃、杠铃动作练习。

• 跑步（7 分钟 / 公里）

• 有氧运动（激烈的）

• 游泳（快节奏的蛙泳）

• 骑自行车（竞赛）

• 短柄墙球

• 跑步（5.5 分钟 / 公里）

• 壁球

• 跑步（4.5 分钟 / 公里）

最后，交叉训练可以帮助你避开所有训练程序的最大敌人：心理倦怠。它可以让你通过训练来改善健身水平，而不会让你沦陷于日复一日相同的枯燥锻炼中，可以让你远离无聊。

简而言之，交叉训练可以：

• 把训练负荷分散到身体不同的部分，以此来减少受伤的风险。

• 在你的训练中添加多样性，让你不会失去兴趣。

• 使你在受伤后继续训练，采用别的活动来锻炼没有受伤的关节和肌肉。

• 锻炼全身，而不仅仅是一些特定的部分。

下面会介绍一些特别的交叉训练，你可以考虑在以后的生活中尝试这些交叉训练。记住，没有必要局限于这些活动中。网球运动就没有包括在内，但是，除了玩起来非常有乐趣外，它还是一项伟大的运动——可以让你在出汗的同时锻炼手眼协调能力。不管你选择了哪种活动，都要注意遵守 3 个原则：适度、一致和休息。

被动的锻炼装备——回转机、振动带、摩托自行车和划船机——不会让你减少脂肪或者减轻体重。按摩可以改善循环，促进放松，但是不会改变体形。

游泳

游泳是一种没有冲击力的运动，如果你受伤了，它是一个非常好的选择。它可以提高有氧健身水平、上身力量、肌肉耐力和呼吸控制，特别是增强呼吸控制的能力，对人体大有帮助。肌肉需要持续的氧气供应，尽管你不想吸气太深或者太快——这样你可能会换气过度，让自己头晕目眩，但是太少的氧气又会让你气喘吁吁。游泳可以教会你有节奏地呼吸。这项运动也不昂贵，可以全年都做，在室内还是室外都可以。

要记住游泳不是减肥的最佳方法，这点非常重要：水可以使身体浮起来，因而游泳不像跑步那样会燃烧那么多卡路里。

一般女性的肌肉要比男性的少，所以女性的绝对力量只有男性的60%~85%。

骑车

世界上通常有两种道路战士：一种是跑步的人，另一种是骑车的人，他们都可以体会到交叉训练的好处。这两个群体的人发现对方的运动可以帮助他们自我完善，达到更高的整体健身水平。

前面提到过一些关于交叉训练的基本知识，骑车可以增强股四头肌和腘绳肌之间的肌肉平衡，这样可以避免力量较弱的地方受伤。骑车也可以为你的腿提供更好的锻炼，和跑步相比减少了冲击和震动。

骑车也有许多乐趣。你可以花少量的力气而到达很远的地方，可以找到新的邻里街坊和路径。山地自行车相比公路自行车有一个优势就是它可以让你离开公路，在公路上你有时候不得不和汽车共享一条路。根据你选择路线的情况不同，锻炼强度也会不同，小路骑行也可能强度很大。远离公路骑行不需要昂贵的顶级自行车，可以承受颠簸的自行车即可。

但是山地自行车也有短板，它不适合长距离的骑行。很多人会重

林达

林达是一名 44 岁的办公室白领。“我认为跑步是地球上最愚蠢的事情之一，怎么会有人享受它呢？”

但是，自从被诊断有血压问题后，她决定得做出一些改变了。她听说 13 周跑步行走计划可以让人比较轻松地入门健身，于是决定试试。当她在执行这个训练计划中途扭伤脚踝后（由于穿了一双不好的鞋），临时换成了骑车锻炼；后来，她完成了训练计划，能够在 50 分钟内跑完 8 公里。

“周二和周四我跑半小时步，然后做一些重量练习。我喜欢轻的重量，然后重复做很多次。我这样做是因为，别人告诉我只有改善了自己的力量后才有可能提高速度。”周三林达做山地跑训练或者速度训练。她的速度训练是交替进行 1 分钟的跑步和 1 分钟的慢跑，重复 5 次。周六她和一个团体在一起跑 40~60 分钟，周日做耐力跑训练。

新使用他们的旧 10 速自行车或者购买质量好的公路自行车。

再者，你没有必要非到外面骑自行车不可。有些人实际上喜欢健身自行车，本地的健身房中通常有不少。那些骑健身自行车的人通常更喜欢一边骑一边看杂志，而不用分神避开森林中的树干。健身自行车可以在各种天气情况下骑，那些希望能把健身和娱乐结合起来的人甚至可以把它们放到电视前。

没有什么灵丹妙药可以显著提高你的跑步水平。提高是通过坚持不懈的训练获得的。

越野滑雪

越野滑雪相对于高山滑雪来说一个很大的优势就是它的花费少得多：不仅不需要支付缆车票，而且装备也便宜得多。

越野滑雪可以提供非常棒的有氧运动，而且和骑车一样，几乎没有什么震动和冲击。越野滑雪几乎可以锻炼你身上的每块肌肉——包括胳膊上、肩膀上、躯干上、背部和腿上的大肌肉群，正因为如此，越野滑雪可以称得上是理想的全能锻炼。

如果你幸运地生活在可以进行越野滑雪的地方，你会发现大量热衷于这项运动的人，就像跑步者热衷于跑步这项运动一样。

团体健身

一些男士看不起音乐健美操是因为这项运动被看成是女性的活动。

这是他们的损失。女士们的确构成了参与这项运动的最大群体，这些女士通常非常健康。她们发现击打乐、团体气氛和一直放着的影片非常鼓舞人，所以这种健身效果是惊人的。

如果你决定了参加健身操锻炼,要考虑3个避免受伤的因素。第一，选择一个低强度的课程。大部分健身操课程都是按部就班的，它们的强度比较低，你应该不会有不适应的麻烦。第二，确认你不在水泥地上锻炼。第三，确认这个课程是由有资质的教练来带领的。

训练营

户外训练营课程在过去的5年内快速流行起来了。大多数这类课程在户外进行力量和心肺训练，大部分采用的是身体重量锻炼。

对训练营要强调一个词：谨慎。奥运会选手林恩·卡奴卡解释说你在参加任何训练营课程的时候都要小心："通常情况下，在这些课程中，参与者需要做快速而激烈的锻炼。许多训练营课程的内容都会有大量的冲击，但是仍有一些训练营是非常优秀的，这和教练有很大关系。"

真正的交叉训练可以让跑步和行走的肌肉处在一个不受很多冲击力的状态下。从这项13周计划开始到结束你都要记住，你所进行的别的锻炼是服务于这个跑步计划的。跑步本身已经有了很多的冲击力，强度大的训练营增加了你受伤的可能性，这可能会对你的训练造成负面的影响。

如果你在开始这个跑步计划之前一直在参加训练营课程，考虑一下降低参加这些课程的频率，直到你完成了13周跑步计划。与其一周参加2~3次的训练营课程，不如减少到每周一次，从而减少对你身体的整体冲击。

直排轮滑

由于轮滑价格年年下降，质量不断提升，直排轮滑吸引了越来越多的人参与这项运动。直排轮滑可以在任何平坦的场地中进行。这也是一个喜忧参半的运动，因为滑轮和汽车是不能安全共处的，轮滑运动者的所有横向运动都非常危险——不管是对汽车还是他们自己。只要你能发现一个可以安全地轮滑的地方，这项运动就可以给你提供非常棒的有氧训练，帮助你提升肌肉的力量和耐力。

直排轮滑非常有益于增强股内侧肌的力量，对于跑步者来说，跑步可以锻炼股外侧肌和股四头肌外侧肌，大腿前面的股四头肌的内侧肌长期得不到锻炼。而锻炼股内侧肌可以改善身体的平衡性，为膝关节提供更好的支撑。

除非滑倒，不然直排轮滑的冲击力是很低的。最好参加一些课程，关键还要穿戴合适的装备：护腕和头盔是最基本的（好的自行车头盔就可以了），护膝和护肘也是强烈推荐的。不要在车来车往的街道上轮滑，因为，如果你和汽车发生碰撞的话，所有的护具都保护不了你。

攀岩

攀岩是另外一项正越来越受欢迎的运动，原因在于：它不仅是一种很好的锻炼方式，而且可以让人从中得到许多人生感悟。大多数人都有些恐高，如果你也有这个问题，当路线陡峭的时候，你通常会想远离悬崖。在带有绳索和安全带的攀登环境中，即使保护措施是极其可以信赖的，但是你在心理上仍然觉得危险。你离开了地面，心想，如果我掉下去就死了，于是有个声音在对你说："回来吧！"当然，你在那里就是为了攀登的，你不会"回来"的；你继续往上攀爬，学会了在恐惧中前进。多年来一些自助书籍告诉我们，脚不着地的恐惧感可能阻止很多人意识到他们真正的潜力，所以有时候突破心理极限可能会和突破身体极限一样有用。

攀岩也非常有益于提高肌肉的力量和耐力，因为你在攀爬过程中会在墙上待很长时间。攀岩者往往有强壮的前臂、三头肌、腹背肌、股四头肌、腘绳肌、小腿，脚踝及足部。（顺便提一下，手指的许多力量来源于前臂。）和直排轮滑一样，攀岩是低冲击力的运动，除非你掉下来了。虽然说在正确采取保护措施的前提下，攀爬者掉下来的情况极其少见，但是攀岩从本质上来说还是一种危险的体育运动，所以强烈建议攀爬者在攀爬前要经过适当的培训。大多数大点的城市都有室内攀岩设施，他们大多数都会提供培训课程。

力量训练

一些跑步者不喜欢力量训练，因为他们认为，如果块头变大了，速度就会下降。这种说法是没有科学依据的。力量训练对于速度的增加是非常重要的。虽然不经过力量训练你也可以成为一个出色的跑步者，但是通过力量训练而获得更强的肌肉张力对你来说也是非常有帮助的，也可以让跑步变得更有乐趣。

进行力量训练的主要原因是它可以帮助你以更平衡的方式来锻炼肌肉，从而降低受伤的概率。当肌肉力量不足以支撑比较脆弱的部位时往往就会受伤，不管是天生脆弱的部位还是由于以前受伤所引起的。举例来说，当你十几岁的时候扭伤了踝关节或者膝盖，在这些关节的附近可能就一直存在疤痕组织。通过增强这些旧伤周围的肌肉力量，你可以给这些关节所需要的支撑以避免旧伤复发。

肌肉群一般来说是按对立的方式运动的，一组肌肉收缩的时候另外一组放松（为了支持运动）。作为一个跑步者，你最关心的肌肉群包括股四头肌和腘绳肌、腹肌和腰肌、腓肠肌和前胫骨肌肉的组合。（建议你看看第 213 页针对跑步者的“力量训练”。）

除了能够让你避免受伤，力量训练还可以帮助你避免肌肉质量随着年龄变大而下降（通常是活动量的减少和变老本身导致的结果），因此可以减少患上骨质疏松症和其他疾病的机会。研究表明即使老年人也可以通过力量训练来提高肌肉质量和骨密度。

最后，力量的增加还可以让心理受益：强壮的感觉会让你自我感觉良好。虽然力量训练可能最开始的时候非常无聊，但是过段时间你会对自己的肌肉线条感觉满意，而且会感觉有力量。

女性跑步者的速度正在赶上男性。加利福尼亚大学的一项研究表明，过去 30 年内，顶尖的女性跑步者进步的速度是顶尖的男性跑步者的两倍：每 10 年时间，女性的跑步速度每分钟要快 14 米，男性是 7 米。

注意

在开始任何力量训练之前，你应该找一个有资格的教练给你一些技术指导，特别是在你进行自由重量训练的情况下。

也许你用健身房的装备来做大部分的力量训练，但最好不要只依赖这些机器，因为它们往往只允许你在一些特定的有限范围内运动。

（你需要增强的力量是和你锻炼的范围相关的。）自由重量训练能够提供更多的变化和更广的运动范围。力量训练甚至可以使用大的训练球。（建议你看看第 213 页针对跑步者的“力量训练”。）

不管你是什么年龄或者健身水平，都要在两次力量训练之间留够 48 小时。力量训练会影响肌肉感觉，很可能训练课后的一两天内你会感觉肌肉酸痛，一部分原因是锻炼造成肌肉轻微撕裂。只要有足够的时间，肌肉会重新组织在一起，变得更强壮而有效。但是如果你不给身体足够的恢复时间，你可能对自己造成更多的伤害而不是获得更多的好处。特别是在刚开始的时候，就更是如此了；当你变得更强壮时，你会发现自己的极限也提高了。

你可能是为了跑步才开始做一些力量训练，但这并不意味着你只需要锻炼下身的肌肉。上身的力量对于保持好的跑步姿势也是非常必要的。举例来说，如果你的竖脊肌（在你的背部）比较弱，你会发现你跑步的时候身体向前倾，而很难保持直立。这样会让你步伐变小、耐力下降。

最后一个警告：在一些健身房，有一些兜售各种药物和补品的人，他们承诺这些东西可以帮助你更快地变得强壮。即使这是真的，它们的效果也是暂时性的，还会带来长期的疼痛。药品可能对你的身体造成无法挽回的伤害。

力量训练检查表：

- 在开始前寻求健身专家的建议。
- 每周训练 2~3 次。

· 每次训练前要适当热身。

· 以轻一些的重量开始。

· 开始的时候，每项锻炼重复 10~15 次，做 1~2 组。

· 过段时间，慢慢增加重量。

山地跑

为什么要进行山地跑呢？或许你住在像旧金山或者温哥华这样的城市，在这些地方很难避开山地跑锻炼。或许你想改善自己的跑步健身状况，跑得更远一些更快一些。不管是什么理由，山地跑都是有益而艰难的。

山地跑可以是有氧运动，也可以是无氧运动。和举重一样，这种类型的跑步是阻力训练。当你增强了肌肉的力量和耐力后，腿部会更强壮，而且不会那么快就累了。过段时间，当你发现自己可以沿着上下山路线跑步时，你的自信心会增强，也可以在更多的地方训练。

当第一次进行山地跑时：

• 选择一座小山。

• 慢慢开始。要注意你在往上爬的时候用的那部分肌肉。

• 选择一段短的距离开始；1~2 分钟就足够了。如果上山的路线比这要长，采用行走来休息一下，然后再继续跑到山顶。

• 当你到山顶后，慢跑或者慢慢走下山。

• 开始阶段，重复这种慢跑上山然后走路下来的锻炼 2~4 次。

• 听从你的身体；如果肌肉太紧张或者呼吸困难，慢下来。

• 一旦你可以舒服地上下你选择的山，就可以挑战更长的距离或者更高的山、增加往返（快速跑上山然后慢慢下来）的次数或者提高跑步速度。注意别跑太多太远太快。也要记住跑下山会给你的关节施加很多压力，所以要小心。

丘陵地形的训练

不管是行走还是跑步，丘陵总是很有挑战性。当你攀登的时候，记住下面的事项：

- 身体向山坡稍微倾斜一点，这样可以控制重心。
- 保持你的核心（腰腹部和背部）坚挺。
- 注意力集中在你面前的几米内，不要太远。
- 缩短步幅，用小而快的步伐。
- 用脚掌的前端着地，把膝盖抬得比正常情况下高一些。
- 让胳膊保持摆动。
- 保持耐心。
- 在下山的过程中保持放松，因为这时你所有关节、肌肉和韧带上的压力都比你上山的过程中要大。

拉伸

第 3 章讨论了热身和锻炼后放松进行拉伸运动的必要性，在第 208 页“附录 A”中提供有示例练习。有几个要点需要注意。拉伸运动可以通过增加柔韧性来让你成为一名更好的跑步者。不要忘了最开始要慢慢热身，你可以走路或者原地慢跑。如果你感觉肌肉特别紧张，那么用手指搓揉肌肉让血液流动。（如果你有一个跑步伙伴，必要的话你们可以给彼此做肌肉按摩。）要在训练开始之前缓缓进入拉伸程序，拉伸过程中不要太用力，在你完成训练后可以进行更深度的更长时间的拉伸活动。在每次跑步前后都要做拉伸活动。

瑜伽

按瑜伽专家迈克·丹尼森所说："瑜伽天生适合跑步者，跑步是一维的运动，总是在同样的肌肉群、肌腱、韧带和骨骼上以同样的方式成百上千次地施加压力。"瑜伽是对跑步这项运动的很好的补充，它会让跑步者更强壮而且不容易受伤。

丹尼森为第一次做瑜伽训练的人提供了一些建议。第一，你不要

达伦

达伦热爱跑步，想变强壮，但是非常厌恶举重。"这太无聊了，"这名 34 岁的警官说，"但是你不得不变得强壮，由于这份工作的性质，你不知道什么时候就不得不去做摔跤这类事情。"后来有一天，他遇到了一个像老虎钳一样强壮的朋友，他长得就像出生在健身房一样。"我问他一周举重几次，他说'一次都没有'。我问他用哪种药，他嘲笑了我。"达伦回忆道。达伦的新朋友是一个攀岩者，他这么强壮是因为他从 10 岁起就开始攀岩了。"那家伙就像钢铁一样，但是从不举重。在他攀岩的时候，他总是在提起自己的体重。"

达伦开始去本地的攀岩体育馆，经过一堂指导课后，他购买了自己的攀岩装备包括攀岩鞋。"我现在比我以前任何时候都更强壮了，我从来没有觉得无聊过——总是有新的东西可以攀爬，你规划攀登路线都来不及呢。"

期待很快就有效果。和别的身体锻炼一样，瑜伽锻炼的进程也是一步步进阶的，一路上有山峰、山谷，也有高原。但是有人说，即使是小幅度的柔韧性增加也会产生身体感觉和运动上的巨大变化。第二，找一个好教练。

那么怎么在各式各样的瑜伽类型中做出选择呢？正确的方式是去做实际的体验。丹尼森建议你每周至少要做一次瑜伽锻炼。不要忘了，瑜伽是对训练的补充，所以根据你在正常的跑步训练课程后还有多少时间和精力来决定瑜伽锻炼的频率。

瑜伽可以让跑步者受益：

· 增加身体过于紧绷部位的柔韧性。

·增强那些在跑步锻炼中没有充分使用过的腿部肌肉（内股四头肌、臀肌）和其他部位的肌肉的力量。

· 通过膈膜进行深呼吸来改善肺部功能。

· 减少整体的身心压力，提高注意力。

跑步技巧

技巧在你刚开始跑步时可能是无关紧要的，但是当你跑得更快更远时，技巧就会影响你的表现了。好的跑步技巧可以从外在和内在两个方面来判断。如果跑步的感觉是平稳的而且有效率的，它可能就是好的。

一个获得跑步技巧的好办法是加入一个跑步团体。这样的团体通常包括不同水平的跑步者，他们中的一些人应该可以帮助你提高跑步技巧。

接下来将介绍一些好的跑步和行走技巧的基本构成元素。不过你没有必要记住这些列出来的东西，当你通读它们的时候，想想自己的跑步方式，一次一个元素。记住，改善跑步技巧的最重要的因素是放松。

定位

• 双脚

你的两脚脚尖应该指向正前，且保持平行。当你一只脚着地时，它应该正好在你的臀部下方。

• 大腿

当你左脚着地时，左大腿应该向后加速，而右大腿应该向前移动（反之亦然）。

• 臀部

臀部应该灵活一些，这样步伐可以更大、更有效。

• 躯干

你的躯干应该保持直立，收紧盆骨，这样可以让你跑步时看起来高一些。

• 肩膀和手臂

手臂应该从肩关节开始自然摆动。行走者应该让手臂在胳膊肘处稍微弯曲，手腕保持放松，而跑步者双手自然握拳。跑步者还应该注意挺直肩膀，让手臂向身后摆动，这样会产生回弹效果，从而推动手臂向前。

常见问题

跑步初学者通常会遇见下面一些问题：

• 步幅过大

当跑步者尝试将步子迈大一些，在他（她）前脚着地的时候膝盖就锁住了，这种情况叫步幅过大。当前脚在重心前面着地时，会导致震动和制动。在这个姿势中，膝盖几乎不能吸收身体的震动，很快就会引起疼痛。为了避免步幅过大，要确保你的脚每次都在臀部下方着地，而且膝盖要稍微弯曲。

• 上身扭曲

一般而言，跑步和行走是直线运动。如果上身扭转幅度较大的话，那些本来应该用来让你身体向前运动的能量就浪费在旋转的运动中了。如果你的上身扭动，你的手臂和双脚会跟着越过身体中线，这种方式不仅让跑步效率低下，而且会增加受伤的风险。为了尽量减少上身的扭曲，尝试集中注意力，让身体保持笔直的同时让双臂保持 90 度摆动。

• 手部过高，肩膀下垂

当身体疲劳时，手会上升，肩膀会下垂。这样会导致上身肌肉更紧张，而且会浪费能量。肩膀和手应该保持放松，把注意力集中到保持正确的姿势上面：抬头并凝视远方；肩膀笔直，并向后拉；挺胸收腹；让盆骨保持在中间位置。

小结

1. 交叉训练可以增强并平衡身体力量，避免心理倦怠和身体受伤。

2. 游泳、骑车、越野滑雪、直排轮滑、攀岩和团体健身操课都是出色的针对跑步运动的交叉锻炼活动。

3. 力量训练可以帮助纠正由于只跑步引起的股四头肌和腘绳肌、腹肌和腰肌，腓肠肌和前胫骨肌肉等肌群的失衡问题。

4. 山地跑是增强力量的极好方法，你可以跑得更远更快。

5. 好的跑步技巧包括挺直躯干、直视前方、自然摆臂、足中段着地、前脚掌蹬地。

8　给身体补充营养

油箱空了汽车就无法行驶，你的身体也是这样。不管你锻炼得多还是少，想减肥还是想增加体重，都必须给身体提供燃料以保持健康和正常运转。

这对每个人来说都是真理，对跑步者尤其如此。锻炼可能会让身体承受压力，哪怕是13周跑步行走的锻炼，尽管这项锻炼已经设计得将困难最小化了。如果忽视身体汲取养分的需要的话，你将会把自己置于疲劳、受伤和疾病中。要注意照顾好自己的身体并给身体提供营养，你的身体也会变得更强壮，以满足训练的需求。不仅你的训练会变得更加高效，你也能从中获得极大的满足感。身体的恢复时间也会变得更短。

忽略基本营养需要的人如此之多，令营养学家帕特里夏·查莉非常震惊。“在营养面前，人们犯了这么多的错误。我们整个社会已经染上了坏习惯。如果人们想在一天之中休息一下，他们通常会坐下来喝杯咖啡！或者在工作后通过喝酒精饮料和吃咸的零食来放松。”

苏·克劳福德是一名注册营养师兼运动学博士，她理解在如今这个繁忙的世界上，吃有营养的东西有时对人们来说太难了。“养成正确的饮食习惯需要花费很多的心思，”她说，“吃不健康的食物一般来说是不得已的，但是有一些很好的理由可以让你拒绝面前的垃圾食品。”如果你不能为身体提供所需要的营养成分，可能会导致疲劳、患病（感冒和流感），更严重的话会导致心脏疾病以及癌症。

提示：不要拒绝自己喜欢吃的东西——适度就好。

健康饮食

健康饮食的3个关键因素是平衡、多样和适度。第4点也可以加进去，即吃那些最大限度接近天然的食物，而不是高度加工过的“快餐食品”。

“平衡”是说所有的主要食物种类都要摄入，包括水果、蔬菜、谷物和豆类、肉类和乳制品——也有例外，对那些素食主义者来说后两类是不包括的。记住没有哪一类食物可以提供你所需要的全部营养。一份带有一些豆子的牛排不是一顿平衡的餐食，同样，一个月都吃面食，只偶尔吃一些沙拉也是不平衡的饮食。

“多样”是说要从每种主要的食物类别中选择多样的食物以保证饮食健康。单一的食物，不管多么有营养，都不应该主宰你的饮食。拿水果举例来说，橙子可以提供很多维生素C，但是只吃橙子而忽略像苹果、草莓和香蕉等其他优质水果——它们每种都有不同的营养成分——这样是不能保证健康的。

“适度”原则确保你不会吃太多也不会吃太少。营养学家建议每天至少吃 5 份谷物和 5 份水果及蔬菜。如果乳制品是你饮食的一部分，营养学家建议每天至少吃 3 份（青少年、孕妇和哺乳期的妇女 3~4 份）。同样，每人每天需要吃 2 份肉食或者可代替肉类的蛋白质源（比如豆腐、烤豆等）。那么，“份”具体指什么呢？下面会解释每“份”饮食的平均组成：1 片面包，1 碗麦片，1 根香蕉，1 个土豆，200~300 毫升煮熟的豆子，2 个鸡蛋或者 3 盎司（85 克）肉——大概一包扑克牌大小。接受乳制品和鸡蛋的素食主义者（也可以称为蛋奶素主义者）或者那些接受乳制品的人（奶素主义者）必须依靠水果、蔬菜、谷物、豆类、坚果和种子来获取肉类所能提供的营养。那些不吃鸡蛋和奶制品的纯素食主义者，要想摄入奶制品和肉类中的那些营养，也需要从以上所列举的食物组来选择食物。对于纯素食主义者来说，强化豆类产品是特别丰富而有用的营养源。

“天然食品”可能会让人想起健康食品店，但是这个词只是表示那些没有经过加工或者只是尽可能少地加工过的食品。这样的食品往往对身体更好一些，因为一般来说它们比那些经过很多加工的食品有更多的营养，更少的人工添加剂。举例说，土豆对你来说要比土豆片好，由全麦面粉做的面包要比白面粉做的好，苹果要比苹果汁好。这并不是说那些垃圾食品不能入你的口，只是说它们应该只占你饮食中的很小一部分。

低碳水化合物饮食

现在的北美人比从前任何时候都要更不健康和肥胖。今天的快餐和 24 小时文化改变的不仅是如何去吃而且还有吃多少的问题。几百万北美人现在开始吃更多的低碳水化合物食物而不是牛排、培根和奶酪，前者能够简单快速地让他们走出体重困境，所以他们做出这样的选择就不会让人觉得奇怪了。

高蛋白、低碳水化合物饮食最初在 20 世纪 70 年代开始流行，然后在 21 世纪初期又流行起来了。那种主张吃大量的蛋白质而拒绝摄入碳水化合物的饮食习惯对于那些想减肥的人来说是比较容易且新鲜的选择。不管是想减掉 10 公斤体重而且想获得能量的父亲，还是寻求更精瘦体形的运动员，低碳水化合物饮食都可以至少在最开始让他们的体重下降。

低碳水化合物背后的“科学”

低碳水化合物饮食为什么一开始能让人快速减肥呢？这是一个让人很费解的观点。按照运动饮食专家帕特里夏·查莉所说：“身体主要把碳水化合物储存在肝脏和肌肉组织中。每储存 1 克碳水化合物，身体需要存最多 3 克的水。当人们停止吃含有碳水化合物的食物时，他们的糖原会耗尽，从而导致体液的流失。”这种利尿作用的结果是体重的快速下降，但这并不是身体脂肪的消耗。同样，查莉说，这种饮食可能导致酮症，它会抑制食欲，导致卡路里摄入减少。

当你重新摄入碳水化合物后，身体会把它们和水一起储存起来。然后，减肥者发现体重明显地增加了，感觉脂肪像是增多了，实际上不是这样——大多数是水而已。就这样碳水化合物有了坏名声。特别重要的是，你应该明白每天身体都需要持续的碳水化合物的供给，以维持大脑、肌肉的运转以及有目的的运动比如跑步。吃水果、蔬菜和全谷物而引起的少许体重增加可以为你提供健康的能量，这对于运动是非常重要的。

关于低碳水化合物饮食鲜为人知的事实

• 低碳水化合物高蛋白饮食通常会引起体重的迅速下降，但是这种效果很难持久。

• 很大一部分比例的低碳水化合物减肥者发现这种饮食习惯太严格了，他们很难终身坚持。

• 高蛋白和高脂肪食品很丰富而且很容易饱腹，但是减肥者很快会厌烦，然后开始想念碳水化合物。

• 素食主义者很难遵循低碳水化合物饮食习惯，因为他们的食物选择是极其有限的。

• 低碳水化合物饮食的饱和脂肪含量较高。许多研究表明摄入太多饱和脂肪食品会导致明显的健康风险。

• 低碳水化合物在短期内可以让体重下降或者控制体重，但是不实用。限制碳水化合物的摄入也会减少摄入混合膳食（比如炖菜）的机会，人们只能选择易于准备的食物（比如三明治），在外吃饭也变得麻烦。

走出低碳水化合物的阴霾

脂肪和蛋白质不是最优的能量来源；当锻炼者被强迫把它们作为能量来源时，他们会感觉不好。研究发现低碳水化合物饮食远不能达到运动员想要的效果。事实证明，这些人比那些膳食平衡的运动员更容易疲劳，协调性更差，更容易发怒。那么，饮食专家对经常锻炼的人有什么好的饮食建议呢？运动饮食专家帕特里夏·查莉推荐“高质量”的碳水化合物食品，包括香蕉和其他水果、蔬菜、全谷物、口碑好的能量棒、巧克力、牛奶和高质量运动饮料。虽然低碳水化合物减肥者对这些食品避之唯恐不及，但是它们很容易转化成能量和糖。因它们可以促进身体更快地恢复，也深受运动员们的热爱”。查莉指出，对运动量大的人来说，碳水化合物仍然是最主要的能量来源。没有它们，跑步者和其他的运动员就会缺少能量，从而降低运动能力。

低碳水化合物饮食的缺点：

· 大量摄入低纤维和高脂肪食品会导致便秘。

· 限制水果、蔬菜和全谷物的摄入会让大多数人感觉懒惰、头晕目眩、心绪不宁，不能集中注意力。

· 锻炼的人会缺少能量，继而降低锻炼的欲望——运动员的表现会很糟糕。

理想的跑步者饮食

跑步者通常每天都训练，所以饮食对他们的表现、恢复和整体的健康有显著的影响。不管他们一周训练多少个小时，身体都需要他们在合适时间选择适量的、正确的食品来进食。为了从训练中获得最大益处，必须满足跑步对身体的营养需求。

运动饮食专家帕特里夏·查莉强调：“理想的跑步者饮食由大量的富含碳水化合物的食品组成，包括全谷物面包、高纤维的谷类食品以及红色、橙色和深绿色的水果和蔬菜。这些食品可以为跑步者提供养分，让他们能够完成每天的训练，同时富含维生素、矿物质、抗氧化剂等，可以帮助他们恢复。”

查莉也建议跑步者经常摄入一些高质量的蛋白质，比如牛肉、家禽、鱼类和豆腐。这些食品可以提供氨基酸、铁和锌等，它们可以帮助跑步者修复肌肉、运输氧气、提高免疫能力。女性跑步者比男性跑步者更容易缺铁，所以在日常饮食中加上蛋白质是特别重要的。除了乳制品，

萨拉

萨拉已经跑步好几年了，她的体重一直保持在健康的水平。但是，在家乡度过两周寒假后，这名27岁的女教师发现她的裤子突然紧了起来。对于自己身上额外的5公斤重量她非常不开心。

听到同事们讨论他们的速效减肥后，萨拉决定尝试一下低碳水化合物饮食。两周后她的体重降了不少，唯一的问题是她感觉缺少能量。在改变饮食方式之前，她1周跑3次步，而且完全没有不想去跑的感觉，但是在这之后，1周能跑1次步她已经感觉很不错了。她的能量明显减少了，当跑步或者走路的时候，经常会感觉头重脚轻，心绪不宁。她也经常想吃百吉饼、意大利面和饼干！

两周后，萨拉体重已经减掉了3.6公斤，她重新在饮食中加上了碳水化合物。她的体重增加了一些，但是能量也几乎回到了正常的水平。虽然低碳水化合物饮食让萨拉的裤子更合适了一些，但是她不喜欢这种改变她的情绪和能量的饮食。她现在开始限制摄入经过精细加工的食品，而代之以营养更丰富的豆类、水果和五谷杂粮。虽然她没有达到预定的减肥目标，但是感觉更健康了，也有足够的能量继续她充满活力的生活方式了。

强化豆类食品、果汁饮料、暗绿色叶子的蔬菜也能补充这些重要的营养。

除了食物，水分也是关系到跑步表现和整体健康的关键组成部分。为了保证身体内部的功能的最佳运转，比如输送营养、调整温度、排泄垃圾，完美的跑步者饮食还应包括足够的液体摄入——在锻炼之前，中间及之后都要补充。如果在炎热环境中跑步，这点尤其重要。

高碳水化合物食品

下面列出一些高碳水化合物的适度摄入比例，它们可以为跑步者提供很好的能量来源。

- 125 毫升葡萄干
- 4 块无花果夹心饼干
- 1 根优质的能量棒
- 1 个小的全谷物面包圈
- 250 毫升葡萄
- 1 根中等大小的香蕉
- 250 毫升橙汁或者巧克力奶

规划造就完美

要想吃得健康就得规划。虽然你没有必要成为一个能评估食品营养价值的专家，但是如果你懂得健康饮食的基本构成且在你购物的时候记住这些成分的话，就会发现保持健康更容易了。如果你习惯于吃快餐或者高度加工过的食品，你可能要花段时间才能调整过来。

预加工食物和熟食通常是为了迎合食品潮流而设计的，它们的卖点是味道和外观而非营养。这些便捷的食品可以是有营养的且能快速准备的，但是你要仔细阅读标签，避免摄入对身体有害的成分。举例来说，氢化油能够引起心脏疾病；亚硝酸盐和某些种类的癌症是相关联的，所以你要尽量避免。

简单地说，你吃东西是为了让身体从中吸收营养，包括矿物质和维生素来保持运转。不管你吃什么，是不是吃新鲜的食物，是像十几岁孩子那样一口气喝光牛奶还是完全不喝，你的细胞都需要寻找一些基本的元素以维持它们的工作。身体需要从食物中汲取碳水化合物、蛋白质和脂肪来产生它所需要的能量。

碳水化合物

碳水化合物是一种能为大脑和肌肉提供养分的重要能量源泉。谷物类食物比如大米、面食、面包和饼干、水果和果汁、蔬菜等食物中有非常丰富的碳水化合物，奶制品及豆类食物中含量稍微少一些。

碳水化合物非常重要，特别是对运动员来说，因为它们能很快转化为葡萄糖——这是在你的血管中循环的单糖的科学名称。不像蛋白质和脂肪，碳水化合物可以很快分解，其中一些几乎可以立刻作为养分来供给你的大脑和肌肉。另外，额外的葡萄糖可以以糖原的形式存储在你的肌肉中，这是肌肉运动的主要养分来源。人类储存糖原的能力很弱，这也是为什么你需要不断替换它的原因。

或许你觉得疑惑，直接摄入糖到你的身体系统中而不是以碳水化合物的形式是不是更好的选择，毕竟后者还要先分解。答案是否定的，我们有很好的理由。主要理由之一是糖是缺少营养的燃料，它只能提供卡路里而没有别的你所需要的营养，比如维生素、矿物质、抗氧化剂和蛋白质。

为了平衡，你身体所摄入的大概 55%~60% 的卡路里应该来源于碳水化合物。每公斤体重每天需要摄入碳水化合物 4~5 克。一些运动员在听说碳水化合物是能量食物后，就摄入了过多的碳水化合物而错误地忽略了其他重要的营养。对运动员来说，他们 80% 的卡路里来自碳水化合物也不是不常见，但是这样的方式会剥夺了身体吸收其他重要营养的机会。

另外一个健康问题是，大多数北美人通过白面条和面包之类的食物来获取碳水化合物卡路里，而从水果和蔬菜这类食物中摄入的不够。具有讽刺意味的是，许多素食主义者落入了这个阵营。“用谷物控来描述我见过的很多素食主义者可能更确切一些，”查莉说，“他们往往吃各种各样的大米和面食，而水果和蔬菜摄入却非常不足。一般面食的问题是，它只是做成了面条形状的白面包而已，除非是全谷物面条。我总是尝试让素食主义者吃更多的蔬菜。吃不同的谷物也是一个不错的主意。”尽管面食看上去是运动员很好的碳水化合物选择，但是最好保持你的饮食多样性，增加一些别的谷物——比如糙米、藜麦和燕麦——的摄入。如果可以，尽可能多地选择全谷面食。

蛋白质

蛋白质是平衡饮食的另外一种关键成分，它应该占到你摄入的卡路里的 15%~20%。专家建议每公斤体重每天应该摄入 0.8 克蛋白质。对于一个锻炼非常多的人来说，这个数值可以增加到 1.5 克。

蛋白质是保持身体内每个细胞正常增长和存活的必需物质。查莉说很多人很容易理解为什么正在长身体的小孩需要蛋白质，却很难理解它对成人的重要性。事实上，每个人身体中的肌肉纤维和细胞都在持续消亡，特别是在情绪和身体压力的作用下。身体需要恢复和重建，就需要蛋白质来完成这些过程。但是，对于一个运动员来说，并不需要比不锻炼的人摄入更多的蛋白质（以单位体重来算），北美人平均已经摄入了过多的蛋白质。过多的蛋白质——不管是通过食物摄入的还是通过补充获得的——会以脂肪的形式储存起来，在某些条件下能导致脱水。

肉类（包括鱼和贝类）、鸡蛋、乳制品（包括鲜奶、奶酪和酸奶）和各种各样的豆类（包括扁豆等）中的蛋白质含量最高。查莉和别的饮食专家（更别说素食主义者了）宣称黄豆制品比如豆腐和豆奶是最健康的蛋白质来源之一。许多人不吃豆类，抱怨吃了会胀气，但是这是一个循环，因为消化道只有在长期接触豆类的情况下才能产生酶来消化它们。如果你吃了更多的豆类，最终你会更容易消化它们，胀气也会减轻。

蛋白质对小孩和成人来说都非常关键。它可帮助恢复和重建肌肉、红血细胞、头发和别的组织。它还可以帮助合成激素。

脂肪

虽然太多低质量的脂肪对你不好，但是一点脂肪都没有的话就更糟糕了。当然，重要的是分清健康的和不健康的脂肪。

最健康的脂肪源包括 ω-3 脂肪酸，这是重要的营养元素，身体用它们来制造某些化学物质。ω-3 脂肪酸可以在鱼类、贝类、豆制品、核桃、芥花籽油、亚麻籽油、小麦胚芽和绿叶蔬菜中发现。单不饱和脂肪也是健康的，因为它们帮助降低有害的胆固醇水平（LDL），增加好的胆固醇水平（HDL）。单不饱和脂肪可以在橄榄、橄榄油、杏仁、芥花籽油、花生和牛油果中发现。你吃的大部分脂肪应该来源于以上这些食物。

多不饱和脂肪存在于红花、玉米和葵花籽油中，也是健康的，但是没有 ω-3 脂肪酸或单不饱和脂肪健康。

饱和脂肪存在于红肉、全脂牛奶制品（包括许多奶酪）以及可可脂和棕榈油等植物源中，最好少量摄入。最后，尽量少摄入的还有反式脂肪酸，这种脂肪在自然界很稀少，但是存在于高度加工的由氢化植物油制造的食品中。含有大量反式脂肪酸的食品包括人造黄油和许多快餐、休闲食品、商业烘焙食品（饼干、松饼、蛋糕）等。

通过节食和跑步来减肥是不会成功的。剧烈运动配上不足的卡路里摄入会导致身体保护其储存的脂肪。

如果你正在尝试减肥，在你的饮食中去掉脂肪是绝对错误的一种方式。你需要脂肪作为燃料。如果你在饮食中去除了脂肪，你的身体把它解释为一个饥饿的信息，它将让体内存储的脂肪停止燃烧而且尽

可能地把它们储存起来。避免摄入任何脂肪不是减肥的长久之计。

维生素和矿物质

维生素

维生素是新陈代谢的催化剂，可以调节人体内的化学反应。如果你的饮食是平衡的，而且摄入了适量的卡路里，你需要补充的维生素可能就非常少了。如果不是这样，就要在你的饮食中添加平衡的多种维生素和多种矿物质，但是不要认为药丸不管怎么样都是好的营养替代品：它们被叫作“补充品”而非“替代品”。

维生素 A 存在于乳制品和蔬菜中；维生素 C 存在于一些水果和蔬菜中；B 族维生素（包括 B_1、B_2、烟酸、叶酸、B_6 和 B_{12}）存在于肉类、全谷物、酵母、绿叶蔬菜和大豆中；维生素 D 存在于蛋黄、鱼肝油、强化牛奶和豆奶制品中；维生素 E 存在于小麦胚芽和全麦谷物中；维生素 K 存在于许多蔬菜，特别是绿叶菜中。

B 族维生素的来源非常不同，所以值得额外的关注。维生素 B_1（硫胺素）可以在面包、谷物、坚果、猪肉和火腿中发现；维生素 B_2（核黄素）可以在牛奶、奶酪、肝、面包和谷物中发现；维生素 B_3（烟酸）可以在肉类、鱼类、家禽、面包、谷物和坚果中发现。

B 族维生素成员叶酸可以在绿叶蔬菜，小麦胚芽，豆类和柑橘制品中发现，它对于身体内的细胞分裂非常关键。因为怀孕期间人体对叶酸的需求会显著增加，所有在生育年龄的女性都需要补充叶酸，这已经被证明可以减少一些出生缺陷的风险。推荐给健康成人的补充剂量大概是每天 400 微克，对于怀孕的女性翻倍到 800 微克。

维生素 B_{12} 很重要，它不仅可以保持神经系统的健康，而且会形成血细胞。B_{12} 存在于所有的动物产品（肉和乳制品）中，但是不存在于植物产品中，这也是为什么它对纯素食主义者来说是最大的营养问题。但是，许多食品会添加维生素 B_{12}，包括强化豆奶和早餐谷物，人造鸡蛋、肉和奶制品，代餐品和以维生素 B_{12}（浓缩的介质）为基底长成的营养酵母。你也可以买到维生素 B_{12} 补充剂。

矿物质

和维生素一样，矿物质对身体也非常重要。一些特别重要的矿物

盖伦

早在盖伦开始跑步以前，她就知道很多营养知识。她从小就一直相信水果和蔬菜的好处，会自然地避免食用一些含不良脂肪的食物：她不喜欢油腻的食物。“我感觉自己一直走在最前列，在开始跑步的时候，我没有必要把注意力放到改变饮食习惯上面。”这名 49 岁的教授说。

她面临的不是要吃什么和吃多少的问题，而是什么时候吃。“我喜欢在下午下班回到家后跑步。一些人告诉我跑步前应该吃些东西，一些人又说应该是在跑步后。”盖伦尝试着在下午跑步之前吃一些休闲食品，但之后她总是感觉懒洋洋的。

“最后我发现了什么方式对我来说是合适的，”她说，“现在我跑步之前不吃东西——当然，除了午餐。我更喜欢在跑步之后进食。有时我的伙伴和我甚至会特地选择一条路线，这样完成跑步后我们可以找个地方吃一顿。”

质包括钙、镁、磷、钠、钾和锌。

钙是对骨头健康和强度很重要的一种营养，小孩子成长阶段，运动员职业生涯期间，一直到人变老时都需要它。尤其是女性要确保摄入足够的钙，因为她们需要在绝经前建立良好的骨密度，骨质疏松一般会伴随着绝经发生。不管男性还是女性，在 35 岁之后他们的骨密度都开始下降，但是由于女性骨头天生小一些，所以更容易遭遇骨折。让女性的问题更加复杂的是，她们在绝经后雌激素水平会下降，这样更加快了骨密度下降的速度。目前的建议是男性和 50 岁之前的成年女性每天要摄入 1000 毫克的钙，超过 50 岁的女性每天要摄入 1500 毫克。同样重要的是，要记住光是补钙并不能让骨头更强壮，这个效果需要通过负重训练才能达到。女性需要正常的雌激素水平才能建立和保持骨密度。

和别的营养一样，钙最好从食物中摄取。比如，牛奶不仅含钙，而且有一种能刺激胃酸分泌帮助钙吸收的蛋白质。牛奶中的乳糖（糖的一种形式）也可以帮助吸收，同样维生素 C 和 D（后者我们可以从阳光中获得，通常牛奶中也会添加）也可以。别的好钙源包括三文鱼罐头、豆腐、强化豆奶、深色叶子的蔬菜、芝麻和无花果。每天吃至少 3~4 份钙或者乳制品是个好主意。

下面我们列出了一些好的钙源，包括名字、每份大小、每份含钙量，以供参考。

食物	摄入量	含钙量(毫克)
乳制品		
牛奶（全脂、2%、1% 或者脱脂）	250 毫升	300
酸奶（低脂或者纯酸奶）	175 毫升	300
奶酪，瑞士产	1 盎司（30 克）	240
奶酪，砖型或者切达奶酪	1 盎司（30 克）	205
加工奶酪片，切达奶酪	1 盎司（30 克）	170
浓缩全乳	60 毫升	165
白软干酪	250 毫升	140
冰激凌	125 毫升	85
鱼类		
沙丁鱼，罐装，带骨头	8 条中等大小的	370
三文鱼，罐装，带骨头	3 盎司（85 克）	190
植物性食物		
钙强化豆奶或米饮料	250 毫升	300*
糖蜜	1 汤匙（15 毫升）	170
白菜，烹调过的	250 毫升	150
卤水豆腐	60 毫升	125*
芝麻籽	15 毫升	90
芝麻酱（芝麻黄油）	1 汤匙（15 毫升）	63
橙子	1 个中等大小的	55
杏仁酱	1 汤匙（15 毫升）	43
斑豆或鹰嘴豆	125 毫升	40
西兰花，烹调过的	125 毫升	35
西红柿，罐装	125 毫升	35

* 数据根据制造商的不同会有变化，注意查看商品标示。
来源：号码 –A– 营养师不列颠哥伦比亚营养学会

注意：如果你的饮食中没有足够的钙，那么你会需要补充钙元素。柠檬酸钙和苹果酸钙一般来说是最容易被吸收的，这些补剂最好和食物一起食用。不管你以什么方式摄入钙元素，如果摄入了酒精、咖啡因、盐或者太多蛋白质，你摄入的大部分钙都会损失掉。

钾，另外一种重要的矿物质，可以在香蕉等大多数水果和土豆中发现。钾可以帮助身体传递神经冲动和促进肌肉收缩。

铁是血红蛋白（把氧气从肺部输送到肌肉的血液蛋白质）的关键成分。缺铁会导致过早疲劳。忽视铁摄入的运动员会有患缺铁性贫血的风险，这种情况对于每个月都会因为月经而流失大量铁元素的女性来说很普遍。在疲劳时自我诊断然后自作主张补充铁元素是不明智的，因为虽然铁元素对你的身体非常重要，但是补太多的话对人体有害，可能会与吸收的锌和铜等矿物质起化学作用。在摄入任何补铁剂之前都要咨询你的医生。

下面我们列出了一些好的铁源，包括名字、每份大小、每份含铁量，以供参考。

尽管看上去健康饮食有很多的规则，但是这些规则中仍然有个人选择的空间。只要你的饮食是平衡的，能够让身体获取所需要的维生素、矿物质和别的营养，你就能建立起良好的饮食习惯，它可以作为你的生活和跑步计划的最好的补充。

食物	摄入量	含铁量（毫克）
植物		
带葡萄干的全谷干麦片	250 毫升	9
豆腐	125 毫升	7*
土豆（带皮）	1 个中等大小的	2.75
斑豆或鹰嘴豆	125 毫升	2.25
荷兰芹	125 毫升	2
葡萄干	125 毫升	2
杏干	10 个（整个）	2
西兰花	250 毫升	1.3
富含铁的面包	1 片	1
动物		
蛤蜊	10 个（中等大小的）	10
牛肝	3 盎司（85 克）	7
牡蛎	6 只	6
牛肉	3 盎司（85 克）	4
火鸡（黑肉）	4 盎司（110 克）	2.6
火鸡（白肉）	4 盎司（110 克）	1.5
鸡胸肉	1 块	1
鸡腿	1 只	1
金枪鱼	3 盎司（85 克）	1
三文鱼	3 盎司（85 克）	0.7

* 数据根据制造商的不同会有变化，注意查看商品标示。

来源：加拿大西蒙弗雷泽大学老年医学研究中心

理想情况下，你应该通过食物来摄入铁元素。优质来源包括肉类、肝脏、豆类、芦笋、暗绿色叶子的蔬菜、干果、全谷物、李子汁、富含铁的面包和谷类食品。（检查标签，看看是不是标有“富含铁”；如果没有这样写，那就不是。）铁很难被吸收，甚至是食物中的铁元素，身体都不一定能有效地利用它。对于植物中的铁元素更是如此。但是，你可以通过同时吃富含维生素C的食物和富含铁元素的食物来增强铁元素的吸收；可以在你早上吃谷物和烤面包时喝一杯橙汁。别的一些维生素C的优质来源包括西兰花、土豆、草莓、西红柿和卷心菜。另外还有一个简单的方法，你可以通过用铁锅烹调来增加铁元素的吸收，这也是不吃或很少吃肉的人仍然可以获得许多铁元素的原因。

某些物质会阻挡铁元素的吸收。食物纤维、茶中的单宁酸、咖啡因和别的天然存在于食物中的化学物质都会抑制铁元素的吸收。

推荐的铁元素摄入量，对于男士和绝经后的女性是每天8毫克，对于十几岁的孩子和未绝经的女性是18毫克。怀孕的女性每天需要27毫克。

计算卡路里

一旦你决定要吃什么了，接下来就应该盘算该吃多少了。根据你在进行的锻炼的量和类型，你可能需要消耗掉没有锻炼时两倍的卡路里。如果你想保持现在的体形或者进一步塑形，你应该想想“卡路里进，卡路里出”的问题了。简单地说，如果你摄入的卡路里和通过做功燃烧掉的一样，你的体形会保持不变。（要记住你在不断地燃烧卡路里。

你读书的时候在燃烧，睡觉的时候也在燃烧——不是很多也不是很快，但是同样在燃烧。）如果你摄入的卡路里比消耗的多，它们通常会以脂肪的形式储存下来。如果摄入的要少，你就会减肥。

不幸的是，这并不总是一个完美的平衡。沮丧的减肥者会发现吃得少并不能有效减肥。如果你的身体感觉能量减少了，它会进入饥饿模式并延续一段时间来抵制脂肪的损失。它这样做是有进化上的原因的——尤其是它不知道你要过多久才能恢复到正常的饮食。

如果你真想获得一些关于卡路里的特别建议，那就去拜访一位注册营养师。你会获得一份关于你目前饮食的完全分析以及一份计划，它不仅可以帮助你计划吃什么，而且还能帮助你计划用餐，这样你就不用带着挫折和恐惧感去超市了。

吃零食

零食对饮食可能会有好处，只要它们是有益的。你可以吃一个苹果而不是甜甜棒，喝一杯牛奶而不是苏打水。如果你习惯了甜甜棒的话，可能会感觉新鲜的水果没有那么可口，那是你的味蕾被异化了。大多数人发现改变这样的习惯两周后，自然的食物吃上去就又变得甜美了，而那些含糖的人造食品太腻了。运动能量棒也应被当成零食而不是主食，不管制造商如何宣称，它们都不会像饭菜一样含有足够的营养。

训练前的营养

在你进行训练之前需要吃一些东西，这样做有两个原因。第一，你需要足够的能量来训练——像汽车需要加满油。第二，在训练的时候，你要思考训练本身以及怎么尽力完成训练，而不是想着你有多么饥饿。

如果你想在训练课前饱餐一顿，要确保你有足够的时间来消化：晚餐的量需要 3 个小时，稍微小一点的量需要 2 个小时（相比较而言，零食需要 1 个小时）。如果你一直在忙于消化大量的食物的话，就不能够有效地进行举重或者跑步训练了。

训练前的进食可以帮助你避免低血糖和随之而来的恶心、头晕、视力模糊和犹豫不决等状况，它们都可能让你在训练中作出错误的选择，即使是像跑步这种比较温和的锻炼方式。理想情况下，训练前的用餐或者零食可以为你提供易于消化的营养，可以帮助保持体液的平衡。它应该包含你熟悉和喜爱的食物，这样一是你可以吃得比较好，再者消化系统不会接触一些它并不熟悉的东西——你的身体已经被训练得习惯于消化某些食物，所以你产生的用来辅助消化的酶是独特的。只要你留出足够的时间来消化训练前的进食，那么吃什么都行，既可以是感恩节大餐，也可以是豆腐等，但是专家建议你要更倾向于碳水化合物类食物，因为脂肪、蛋白质和食物纤维都是属于消化很慢的食物。

可以通过训练时间来判断适合自己的饮食习惯。这时训练日志就派上用场了：它可以给你演示不同饮食习惯对应的身体状况和训练效果。

下面是一些推荐的训练前食品，它们已经被许多人证明是有效的：

- 冷麦片、脱脂牛奶和一只香蕉
- 掺红糖的热麦片和苹果酱
- 意大利面配番茄酱加一杯脱脂牛奶
- 饼干、一点奶酪和一些水果

• 全麦面包配花生酱，水果和一杯脱脂牛奶

• 低脂酸奶，新鲜水果和全麦薄饼

• 一份液体食物：混合一勺低脂酸奶、一杯脱脂牛奶（250 毫升）、一只香蕉、一茶匙（5 毫升）香草

许多人有不切实际的关于减肥的幻想，比如应该减多少重量、多快能够减掉这些重量等等。一名 70 公斤的女性，如果她每小时走 5.6 公里，她要走大概 16 小时才能减掉 0.5 公斤。

尽管喝

对一个跑步者来说，水可能比食物还要重要。人体的 70% 由水组成，排汗、呼吸和排泄都会损失水分。排汗是人体的天然空调系统：当你通过锻炼让身体热起来后，会开始出更多的汗。为了保持体液平衡，你必须喝足够的水以替代那些由于出汗而流失的水分。有时候这种流失是很难被觉察到的，当运动员发现自己脱水时会非常震惊。滑雪者和在炎热干燥的天气下锻炼的人会特别容易脱水，因为他们通常不会注意到自己出了多少汗。有时候脱水的信号是那种不能平息的带有刺痛感的口渴。你有那种即便你不停喝水直到把肚子盛满，仍然感觉口渴的体验吗？发生那种情况是因为“空调”运转把水耗尽了，你的身体把所喝的水再传送到这个系统需要花段时间。这就是为什么对你来说在训练的时候尽早喝水非常关键，记住要在口渴之前喝水。

关于为什么要把通过排汗流失的水分补充回来还有一些别的不太明显的理由。水可以过滤掉毒素，可以帮助身体来消化食物，然后把它们转化成能够容易地在血管中运输的形式。它还可以帮助电信息在身体中的传递。

那么，你需要多少水呢？许多。如果没有进行训练，专家建议每天喝 6~8 杯水。如果你正在锻炼，你的需求会上升。上升的量和你训练的量有关。在开始训练之前喝足够的水是个好主意，这可以成为一条准则。在训练前 2 小时至少喝 2 杯水，然后在训练前 15 分钟再喝 1~2 杯。在训练过程中，每 15~20 分钟再喝一杯水。最后，训练完成后也不要停止喝水：训练停止后 10~20 分钟内喝 1~3 杯水。

查斯

查斯开始跑步的理由只有一个：他想减肥。查斯跑步的想法来源于他的高中毕业十周年聚会。“一个我认识的女孩看着我，但是没有认出我来。我不得不告诉她我的名字，这时候她看上去很震惊。‘你比原来胖了好多。’她说。我感觉太可怕了。”

查斯开始去本地的健身房，但是他发现原地自行车和跑步机太无聊了。当他抱怨时，一名服务人员建议他加入一个跑步团体。这样或许会帮助他获取锻炼的动力，也会比原地跑更让他兴奋。查斯希望很快达到减肥目标，并因此感到垂头丧气。“我花费了一段时间才了解到，如果我想减肥的话，就必须做更多而不仅是跑步。”查斯花费了不少时间去改变他的习惯，但是一旦他的思想和饮食同步起来，他的体重就开始下降了。“我的体重正在下降，我非常自信我能坚持下去——不管怎么样希望能坚持到下次同学聚会。”

记住这些只是建议；通常建议的量可能不能给一些人补充足够的水分。要想知道你是否在大强度训练后补充了足够的水，特别是在炎热天气下，唯一的方式是在训练之前和之后称自己的体重。（如果汗水已经浸入了你的衣服，那么这种办法就不准确了。）锻炼期间损失的体重代表着你未能补充的水分的重量。

要抵制训练课后来自酒精饮料的诱惑。尽管你可能经常看见运动员在训练后拿着一个啤酒瓶，自言自语地说“真爽”，但是酒精有利尿作用，只会让你干渴的身体更加缺水。（如果在训练后你不得不喝酒精饮料，至少要同时喝几杯水。）

当然，水并不是你必须依赖的唯一液体源。你白天喝的大多数东西都可以帮助你满足需要，比如咖啡，尽管补水效果不是最好的，和酒精一样，它也有利尿作用，加上多余的奶油和糖，它可能相当不健康。果汁也不错，但是要避免喝含大量糖的果汁（以及任何含大量糖的饮料）。因为如果有太多糖在你的肠道中，它们会把你肌肉中的水分吸收走。这样，当你跑步的时候，会更加缺水，导致恶心、腹泻和痉挛。

运动饮料并不只是市场的炒作。一些运动饮料可以补充体内的电解质比如盐和钾；还有一些可以提供碳水化合物和糖，这样你的身体会在长距离的比赛中有继续下去的动力。有些饮料这两种功能都有。这些饮料可能对那些参加长时间（超过两小时）、大强度的运动竞赛如马拉松或者铁人三项，或者超过一个半小时的训练的运动员是有帮助的。对于短时间的训练——比如你在13周跑步行走计划中进行的训练——喝水就可以了。

提示：补充水分的建议

你需要的水比你想象的要多。下面是一些要点：

- 锻炼前 2 个小时：2 杯（500 毫升）
- 锻炼前 10~15 分钟：1~2 杯（250~500 毫升）
- 锻炼过程中每 15~20 分钟：1/3~1 杯（75~250 毫升）
- 锻炼后 10~20 分钟：1~3 杯（250~750 毫升）

人体的 70% 是由水组成的，锻炼时它对水的需求会急剧上升。这是因为出汗和呼吸都会造成水的流失。

水对你的身体来说是完美的润滑剂。它百分百纯天然，钠的含量很低，而且没有脂肪。尿的颜色可以显示你是否喝了足够的水：清澈的尿液是你喝了足够的水的信号；深色的尿液意味着你或许应该补充更多的水。

香蕉是跑步者最好的朋友，因为它

- 既不是多纤维的（比如苹果）也不是酸性的（比如橙子）。
- 非常容易消化。
- 是即时的、天然的能量来源。

体重管理

老练的跑步者往往看上去很精瘦，这可能是这么多的人选择用跑步来控制体重的原因。尽管并不是一夜之间就可以达到目的，但是跑步仍然不失为一种非常有效的控制体重的办法。这就是说，成为一个跑步者需要耐心和忠诚。很多人想减肥，于是就尝试跑步，但是当他们不能很快达到目标时就选择了放弃。事实是，在半年之内与跑步相关的生理获益都不会明显，而 1 年之内跑步者的身体看上去也不会有什么不同。首先想想你花了多长时间才让体重到达目前的重量，又怎么能要求自己在这么短时间内减下去呢？

另外一个需要记住的事情是，如果你每晚都吃低质量的食物当晚餐，正常的跑步训练是不会让体重下降的。如果你想让体重下降就必须坚持平衡的饮食习惯和长时间的经常性的有氧训练，没有捷径可走，没有减肥神器也没有灵丹妙药。

如果你的目标是减肥，要记住你的身体天生就是某种类型的。你的基因可能无法让你的身体变得十分削瘦。一些人天生就比较瘦，而另外一些却怎么都不会瘦，不管他们做多少锻炼。这并不意味着那些人不能减掉多余的重量，但是要实际地看待能够减掉多少体重、想让身体哪一部分的脂肪被减掉这个问题。你身体中段“备用轮胎”上的脂肪可能相对于臀部和大腿上的要更容易减掉一些，因为你臀部和大腿上的脂肪是由生殖激素而非应激激素来控制的，是被身体严密保护起来的。

如果你以前总是久坐不动，可以从低强度训练开始，然后慢慢过渡到中等的强度，最后再做大强度的训练，这也是 13 周训练计划所倡导的。但是，一旦你到达了一个更高的健身水平，慢跑就不再是燃烧脂肪和减肥的最好方式了。每天做 40~60 分钟或者几个短时间段的中等到大强度训练可以燃烧更多的卡路里和脂肪。

最后一个警告：要警惕时尚饮食。时尚饮食都是利用人们的不安全感来挣钱的，而不是为了改善这些人的健康。这并不是说所有的饮食都不值得信任，只是说没有什么神奇的营养魔术。

关于如何控制体重的有益提示：

· 没有任何一个控制体重的处方对所有人来说都是理想的。

· 做中等强度的训练，每周 3~4 次，每次 25~45 分钟。

· 为了加快体重减轻的速度，慢慢增加每次训练的时间。

· 为了提高肌肉质量，尝试每周增加两次力量训练。（肌肉即使在休息状态下也会比别的身体组织燃烧更多的卡路里。）

· 至少要等 6 个月才能感觉到生理的变化，比如心血管健康的改善和肌肉强度的增加。

· 要等待 6~9 个月你身体中因锻炼而减少的脂肪比例才能达到可被测量的水平。

小结

1. 健康饮食的3个关键因素是平衡、多样和适度——吃未经加工的食物。

2. 理想的跑步者饮食包括许多富含碳水化合物的食物，比如全谷物、水果和蔬菜，以及高质量的蛋白质比如肉类、家禽、鱼类和豆腐。

3. 要确认在你的饮食中还包括有 ω-3 脂肪酸和单不饱和脂肪，比如鱼油、坚果、鳄梨和橄榄。

4. 在锻炼前、锻炼中和锻炼后喝足够的水和吃正确的食物一样重要。

5. 正确的体重控制需要健康的饮食、经常的锻炼、耐心和切实的目标所有这些要素。

9 常见的伤病及恢复

受伤不仅痛苦，更令人气馁。在付出无数个小时来增强耐力后，假如你受伤不能跑步了，你将不得不闲坐着，看着如此辛苦才达到的健身水平慢慢下滑。假如跑步是你排解压力的主要途径，你可能会感到非常灰心丧气也会很生气，甚至想用止痛片来减少疼痛好继续跑步。这时候应该记住，被你忽视了的伤病将会困扰你终生。

这项 13 周跑步行走计划的设计目的是为了将你因跑步受伤的概率减到最小。尽管如此，意外事故、过度训练或者自身生物力学上的弱点都可能迫使你中途退出。为了保持健康，非常有必要了解跑步者容易遭遇的伤病类型以及最有助于复原的治疗方式。

伤病类型

家庭医生及奥运会皮划艇金牌和铜牌获得者休·费希尔认为，跑步者应该注意两大类型的伤病。费希尔自己在这些年中经受过很多伤痛，同时也见过许多挣扎着走进他诊所的患者。

第一类是任何人都可能遭遇的急性伤病。这种伤病通常是由突然且猛烈的伤害造成的“外伤”，如韧带撕裂（扭伤）、裂口（伤口）、肌肉拉伤（扭伤）或骨折。外伤，尤其是出现出血、大面积肿胀或疼痛持续超过一个小时的情况，最好由专业的运动医学医生尽快治疗。若你感到虚弱得无法行走，或无法使用受伤的身体部位，或者听见任何异常的声音（爆裂、破裂或撕裂声），这时应该尽快处理伤处。

跑步者最常见的外伤是由绊到树根、路沿等跌倒造成的。遗憾的是，最有趣的跑步的地点最常出现意外。在小路上跑步非常受欢迎，但不平整的地面经常使人跌倒。如果小路的地面不平整，跑步者需特别谨慎地选择跑鞋并看清脚下的路面。不合脚或缺少足够支撑的跑鞋会增加跑步者跌倒的风险。

第二类跑步的伤病，也是到目前为止最常见的，是过度使用，或

海伦

49岁的海伦在为准备一项跑步赛事而尝试增强跑步耐力的时候，意外地遇到了自己的老对手。“以前我在练习芭蕾舞的时候，膝盖曾经脱臼过，”这个退役健美操教练说，“我尝试增加跑步时间，却没有办法实现。”她脆弱的膝盖在力气用完之前已经不能再承受压力了，她患上了髌骨综合征（跑步膝）。

考虑到她受伤的严重程度，海伦停止了跑步，然后去看医生。医生的恢复程序让她在1个月之内重新回到了跑步中，但是一次只跑10分钟。“他推荐了一项拉伸和力量强化锻炼，而且我用了矫正器。他一直在测试我的膝盖，确保它能够坚持得住。”几个月后，海伦能够一口气跑步30分钟了，但是她仍然继续她的拉伸和力量强化锻炼，因为她已经定下了完成半程马拉松的目标了。

者说是过度训练造成的慢性损伤。有时慢性伤病可溯源至不良的跑步技巧，但这在跑步初学者中不容易引起重视。跑步初学者跑得不够快或不够远，不足以引起与技巧相关的问题（但如果你想了解更多这方面的信息，可参考第7章里关于跑步技巧的建议）。“过度使用造成的损伤通常出现在天生有强烈竞争意识的人群中，”费希尔说，“他们每天训练，从不给身体休息的机会。肌肉和关节损伤很常见。”

吉姆·麦金太尔博士是犹他州盐湖城的一名运动医学医生。他说，很多过度使用造成的损伤，有的是由于旧伤的不完全愈合造成的，有的是因为个体解剖学上的差异导致的压力下的损伤。这些差异包括扁平足、高弓足和大小或位置异常的膝盖骨。这些伤造成同样的后果：当动态（运动）链中出现薄弱环节时——有些部位天生或由于损伤而不协调——身体会弥补这一弱点以保持前进。这通常会造成新的损伤。当运动员在身体的同一侧受了一连串的伤时，就应该警惕了。先是右脚踝，然后是右膝盖，再然后可能是右髋关节。

麦金太尔说：“想想看有多少来治疗的人是一个膝盖疼，又有多少人是两个膝盖疼？人们习惯性说这是因为不合适的鞋子、缺乏柔韧性、不良的训练方法或错误的跑步技巧等原因。但通常情况下，人们两只脚穿着同样的鞋子，两条腿跑出同样的步数。倘若你只有一个膝盖疼，这怎能怪罪于鞋子呢？”

并不是说受伤不可能是由于不合适的鞋子、不佳的柔韧性、不良的训练方法或跑步技巧造成的，而是说膝盖、脚后跟、脚踝及其他动态链中的敏感环节常常是受害者，而非罪魁祸首——受伤的根源在别处。因此，麦金太尔及很多其他医生建议，医生们应该观察整个身体，尤其是它处于运动状态时，而不仅是仰卧在医生办公室诊疗台上时。

麦金太尔喜欢看他的病人行走，甚至是在跑步机上跑动，以便看清他们整个身体如何运动以及他们所经历的伤病源自何处。“你必须看到整个链条。看脚、髋骨和骨盆。看着它们如何行走及跑步。”麦金太尔说。

麦金太尔认为寻找损伤的根源有点像侦探游戏。“作为专业的保健人员，你必须问自己：他们为什么受伤？为什么是这个膝盖受伤而非另一个？很明显的答案是，这个病人的步法肯定有些内在的不平衡。一种可能是他们在坡路上跑步，一条腿不得不处于缩短的姿势，而另一条腿处于伸长的姿势，迫使脚过度内旋，膝盖成为整个过程的受害者。由于其他地方的某种因素造成的异常步法，使膝盖承受了异常大的压力。另一种可能是一只脚移动不恰当，髋关节太紧，或由骶髂关节的问题引起骨盆错位之类的简单问题。”

一具协调性好的身体，膝盖骨应当在脚的上方均匀地沿一条直线运动，指向你前进的方向。假如有什么原因——例如不协调的髋关节——使得你的膝盖指向另外一个方向，那么膝盖最终将会受伤。而只有当伤势积累到一定程度，当膝盖开始向大脑传达疼痛信号时，你才会意识到问题的存在。更糟糕的是，假如你、你的医生或理疗师没有找到这伤痛的根本原因，他们会治疗你的膝盖，而你一旦感到有所好转就会马上回去跑步。然后，猜猜会发生什么？膝盖将会再度受伤。“当有人因膝盖疼来找你时，告诉他们膝盖不好是远远不够的。如果你仅仅想确定症状，那你就说：‘好，这是髌骨关节痛。’然后拿出你的手册，上面写着‘冰敷，吃消炎药并做些锻炼’。但你只是在治疗症状，而非病因。”

有时疼痛会转移到你身体的其他部位——脚踝或跟腱。为什么呢？在治疗中，你很可能做了一些锻炼，用以增强你脆弱的膝盖周围的肌肉，使之更好地补偿源自髋关节的问题。这一缺陷随之转移到动态链中下一个薄弱点，然后再下一个，如此循环。

新伤也可能是因为旧伤没有痊愈而引起的。例如，旧的脚踝扭伤可能会造成一只脚内旋而另一只脚外翻。麦金太尔说他看过几千个有着一只内旋脚和一只外翻脚的人。刚开始他觉得很奇怪，以为这些人天生就这样。“事实是，他们并非天生如此。在某个时候发生了什么事情，使得脚踝改变了活动的范围和柔韧性。整个链条失去了平衡，链条中的其他环节就开始补偿。只有当人们开始跑步时，才会注意到这点。平时并没有足够多的压力施加于身体的各个不同部位使之崩溃，但跑步时的压力会使身体内在的弱点显露出来。”

生物力学问题并不能完全保证伤势得以显露。每个人的身体都有代偿能力：有时你身体各部位都很强大，足以永远弥补某些弱点。然而，假如你的薄弱处超过了身体所具有的补偿能力，那离受伤就不远了。

遗憾的是，有些跑步者周期性地受伤，最终不得不放弃。你听他们痛苦地说：“我原来也跑步，但我的某某部位受不了。”也许这是真的，但更可能的是，这些跑步者没有依照正确的治疗程序。假如你真的跑步受伤了，应知道什么时候该停下来。假如你的自我治疗没有带来较快的好转，应找一名懂得运动损伤的专业人员治疗。运动医学并非心脏病学或神经学这样严格的学科，但越来越多的医学从业者开始专注于运动相关的损伤。这些从业者包括矫形外科医生、家庭医生（如休·费希尔）及运动医学专家（如吉姆·麦金太尔）。其他可能会关注医学相关损伤的从业者包括足科医生、按摩师、理疗师、运动员治疗师、运动员教练及按摩治疗师。你找的应该是这样的人：他会检查你运动的整个链条，检查你运动中的身体，而不只是局部的疼痛。

假如你的治疗方案是让受伤部位休息，等着疼痛消失，那你可能得听听别的意见。假如疼痛的根源没有得到治疗，一旦重新开始跑步，疼痛很可能会再度出现。有经验的运动医学从业者既能够诊断，也能够给出治疗方案。这包括替代活动和力量及柔韧性的训练计划。大体上来说，你会发现运动医学的治疗计划比传统医学更“积极”。

跑步者的 RICE 急救法

假如你受伤了，应该寻求医疗救助。然而，在等待救援的同时，你可以开始做RICE。RICE是休息(Rest)、冰敷(Ice)、压迫(Compression)及抬高（Elevation）的缩略形式。这是一套标准程序。人人都这样做，因为它很有效。

RICE 通常与消炎药如阿司匹林或布洛芬连用。这些药能够减轻肿胀，但不应依赖它们，把它们作为掩饰疼痛的拐杖，拄着它带伤继续训练。同样，阿司匹林和布洛芬对胃不好，应该和食物一起服用。应该注意的是，扑热息痛比较不伤胃，也是有效的止痛剂。但它不是消炎药，也不能减轻肿胀。

休息

需要休息的理由很简单：如果某个部位受到了损伤，继续对其施加压力只会使之变得更糟糕。但休息并不意味着你要花 3 星期的时间窝在沙发上看电视，然后才能再使用受伤的部位。不推荐完全不动弹这种方法，唯一的例外是急性外伤，而即便是这种情况，医生也会试着让你站起来并尽快地活动。

活动受伤的部位是很重要的，因为这会刺激血液流到受伤的软组织。事实上，只要能促进血液循环就有助于痊愈，这也是为什么有如此多的理疗师使用超声及类似的刺激技术。然而，除非你逆其道而行，绝大多数时候，你身体的自愈能力都能够使受伤的软组织得到再生和修复。

运动医学的执业医生通常会推荐某些锻炼来配合 RICE 法。这些锻炼通常是为强化受伤部位周围的肌肉而设计的，目的是帮助身体补偿受到的损害。通过强化重要部位，如膝盖周围的肌肉，可以使该部位得到支撑力，更容易实现其功能。锻炼也可用于提高柔韧性和促进血液循环，从而加快自然的痊愈过程。所以，锻炼吧；这会让你更容易禁得住重新回到原来的活动所带来的压力，因为你会比受伤前变得

文斯

文斯，50 岁，作家，一生都沉迷于体育，但是他需要增强耐力。跑步看上去是增强心血管调节能力的完美方法；他估计跑步可以让他成为一名更好的网球选手，并且可以帮助他赶上对手。慢慢地他用跑步代替了其他运动。“我开始享受跑步了。我喜欢那种感觉——你可以在自己的地盘上跑步，并且不必担心有没有合适的设施或者别的事情。”

接下来，文斯的脚部开始感觉刺疼。诊断是应力性骨折。他并没有采取吃止痛药的方式来继续跑步，而是更换了训练程序来恢复他的脚伤。“我用一些时间用来骑车，并且开始了一项拉伸锻炼。”后来，他尽量不在水泥地上而是选择软的路面和公园小道跑步。结果，文斯现在一周跑 3 次步，每次一口气能跑 40 分钟。

更强、更有柔韧性。

冰敷

你一定注意到了，受伤的时候会出现肿胀。这种肿胀实际上是痊愈过程的一部分。这可能听起来自相矛盾，但即便肿胀是痊愈过程的一部分，过度的肿胀也会延缓痊愈过程。冰敷将使受伤部位周围局部血管收缩，从而控制出血，减少该部位的肿胀。

冰敷能通过减轻肿胀来缩短恢复的时间，因此，受伤的部位越快冰敷越好。但很显然，你不会总在跑步的时候随身带着冰袋。遇到紧急情况，冷水也会非常有帮助。在危急时刻，可以用水瓶里的水沾湿T恤，然后包在受伤部位。可以的话，将受伤部位置于冷水中，直到你找到冰块来敷。

冰敷时，一次大约20分钟，中间间隔至少一个小时。在最初的24~72小时内尽可能频繁地重复。可以将冰块放进塑料袋里使用，但用冷冻柜里的软冰袋会更有效，还不会弄得一团糟。软冰袋接触到红肿的皮肤和关节时会很快升温，但如果你有多个冰袋，可以轮流使用。当把冰敷于敏感神经（如脊神经或膝盖后的神经）附近或重要的器官如眼睛和心脏时要很小心。

另外，不要犯这样的错误：冰敷后再泡热水浴。这将使血管扩张并增加肿胀。

压迫

用弹性绷带来压迫受伤部位有助于减轻肿胀、疼痛和瘀伤，并且加快痊愈过程，尤其是配合冰敷和抬高一起用时。如果你自己用弹性绷带处理伤处，不要拉得过紧。绷带不应使用超过3个小时，除非是在有资格的专业人员指导下。绝对不要整夜佩戴。

抬高

抬高有两个目的。当你抬高脚或其他受伤的身体部位时，你就不会用它来走路或跑步（见第159页的“休息”部分）。然而，更重要的是，在短时间内，当你受伤的肢体高于心脏时，该处的血流会减少，也就会减轻肿胀。和冰敷一样，抬高也是越早越好。

常见的伤

通过遵循这项13周跑步行走计划，保持充足的时间来热身和放松，看清楚你要跑的路，买双合适的跑鞋，适宜地饮食，你可以大大避免受伤。然而，按照“最好有所准备”的理论，接下来就应注意哪些身体部位在跑步时容易受伤（这个清单是由蒂姆·诺克斯博士提供的，按照发生概率从高到低排列）：

- 韧带与骨头的连接处以及肌腱与骨头的连接处
- 骨头
- 肌肉
- 肌腱
- 黏液囊（肌腱与骨之间充满液体的囊，这使得肌腱能够在骨上自由活动）
- 血管
- 神经

在这么多伤病中，有 6 种伤是运动医学从业者最经常要治疗的。在此为您总结一下。

髌骨综合征

髌骨综合征也叫作跑步膝（由跑步大师及作家乔治·希恩博士于 20 世纪 70 年代命名），其特征是一些特殊的症状，包括：

• 膝盖骨周围局部疼痛，且并非由突然的外伤造成；

• 膝盖的疼痛随时间的推移进一步恶化，并且通常在跑完一定距离后出现；

• 当膝盖弯曲或静止一段时间后，比如坐在电影院看电影时出现疼痛。

跑步膝是个很大的问题，到运动医学诊所就诊的人中大约四分之一是因为这个问题。这是个典型的由过度使用造成的损伤，通常出现在膝盖骨的内侧或外侧边缘。诺克斯说跑步膝最常见的是由踝关节过度内旋造成的（脚向内侧翻转）。这可能是脚本身的问题，也可能是脚部为了补偿其他部位的异常造成的。在任何一种情况下，过度内旋给膝盖带来扭力，将膝盖骨从其正常的位置中拉出来。拉伸的时间长了，下次去电影院你就该开始寻找冰袋和靠过道的座位了。

跑步膝的短期疗法包括 RICE 法，但只有当你更正了造成跑步膝的根本的生物力学问题时，才能将其治愈。一些医生可能会建议进行手术；如果医生给你推荐了这种治疗方案，建议你最好听取下其他的意见。

改正过度内旋的一种方法是通过改进跑鞋以避免脚扭伤。有时能提供更好支撑或形状不同的鞋子会有不同的效果。有些人需要矫正器的进一步帮助（量体定做的足部支撑）。矫正器起着很重要的作用，应该根据处方，由训练有素的专家来制作。请向你的医生咨询这种可能性。

髂胫束综合征

跑步膝并非唯一一种能够影响你膝盖的损伤。髂胫束是一片结缔组织，它从髋骨沿着大腿外侧向下延伸至膝盖下方，然后插入到胫骨外侧。反复弯曲和伸直膝盖，再加上生物力学上的缺陷，会导致这个结缔组织受到刺激，因为它在膝盖外一个称为股骨髁的隆起上来回地摩擦。如果这发生在你身上，可以与权威人士聊聊看膝盖被射击是什么样的：这个伤是非常疼的。通常，休息后疼痛可能会消失，但在锻炼中，当运动引起髂胫束横跨股骨髁时，剧烈的疼痛会再度出现。

不适的跑鞋、过硬的路面及错误的训练方式都曾被当作引发髂胫束综合征的可能原因，但麦金太尔认为这通常是一种补偿性的损伤。在发现近七成的患者都有不能充分吸收冲击力的生物力学结构——这些结构包括O形腿、高弓足和僵硬脚后，诺克斯也认可了麦金太尔的观点。

RICE疗法是很好的局部治疗方法，但长期的治疗应该包括选择能够更好地吸收冲击力的更软的跑鞋；避免在硬的地面、弯曲的路和山坡路上跑步，包括上坡和下坡。正确的热身和伸展程序对于预防髂胫束综合征至关重要。另外，你也可能需要逐步地调整跑步的常规程序。

如果这种情况突然出现，问问自己是否做了什么流程上的改动？你是否改变了跑步的路线？是否刚买了跑鞋？如果是，换回你原来的方式继续一段时间，看看情况是否改变。

提示：跑步通过提高肌肉的张力、增加骨质密度和增加滑液量（起润滑作用）起到强化关节的效果。

足底筋膜炎

足底筋膜炎比前两种要少见，得这种伤病的跑步者脚部会疼痛。这些患者常常抱怨说，他们感觉脚后跟受伤了，挤压它的话会疼痛。

实际上，脚后跟本身不存在问题。足底筋膜是连接脚后跟到脚尖的带状结缔组织，问题可能出在它连接脚跟的地方。足底筋膜炎患者在跑步和早上起床的时候会有困难。你会发现他们走路很僵硬，因为当他们的脚承担所有的体重时，脚弓的拉伸会导致疼痛。

导致足底筋膜炎的原因和跑步膝是一样的——过度内旋。这对于那些高足弓的人会更容易发生。目前的研究表明过硬的鞋可能会加剧这种情况的发生，同样还有训练频率和强度的突然增加。虽然13周跑步行走计划设计的目的之一是避免受伤，但是对一些人来说其中的训练可能过多了。如果你在执行这个计划的过程中患上了足底筋膜炎，你就可能是这些人中的一员。如果这种情况发生了，你需要退回去，采取更循序渐进的方式。

治疗足底筋膜炎的方法之一是RICE疗法。仔细考虑一下你穿的鞋，尝试更软的鞋，可能的话用上矫正器。也可以尝试在更软的地面上跑步。增强力量和拉伸也会有帮助。锻炼你的股四头肌（大腿前面的大块肌肉）、小腿肌肉以及脚部的小肌肉群。

跟腱炎

跟腱又叫阿喀琉斯腱，得名于古希腊传说中的英雄阿喀琉斯。传说他出生时，他的母亲把他浸在冥河中，使他全身刀枪不入，坚不可摧。问题是，她是抓住他的脚后跟完成这个过程的，所以这部分就没有浸到冥河水。在特洛伊战争中，敌人刺中了阿喀琉斯看似根本不重要的地方——连接小腿肌肉和脚跟处的肌腱，可是这位英雄却倒下了。自从诗人荷马让阿喀琉斯名垂千古以来，他的跟腱的故事就用来比喻看似坚不可摧的链条中的薄弱环节。事实证明，跟腱并不需要断裂，一点小小的炎症——跟腱炎——就会让你倒下。

跟腱受损可能会发生得很快，就像我们的希腊英雄一样；或者会经过时间的积累爆发，这种情况对于跑步者来说比较常见。患者首先会有刺痛感或者烧灼感，接着是更剧烈的锥钻般的疼痛感，在改变方向或者沿山坡往上跑时这种感觉尤甚。过一段时间，肌腱的胶原蛋白纤维可能会断裂，从而导致灾难性的后果——肌腱可能折断或者破裂。这种感觉，你可能会想象得到，异乎寻常。

跟腱特别脆弱，因为那部分区域的血液供给非常微弱，而且通常容易受到影响。踝关节过度的内旋往往导致鞭打动作[①]，后果往往是跟腱炎。别的原因包括鞋连续不断地摩擦跟腱、不充分的热身、质量或样式比较差的鞋子、创伤和脚跟骨畸形。

治疗跟腱炎可以用 RICE 疗法，也可以尝试用更稳定的鞋来控制脚步的运动。矫正器可以帮助你增强脚部、小腿和胫骨的柔韧性和力量。在医生面前不要不好意思抱怨；跟腱炎不治疗的话症状会一直持续下去。

---

①体育运动中常见的技术动作，为掌握完成某一动作，常需两臂或两腿具有尽可能大的运动速度，如网球、排球、羽毛球等的扣球，游泳中的打水动作等。

胫骨应力综合征

胫骨应力综合征有时候被错误地认为是外胫夹。它通常是由于小腿外侧的肌肉轻微撕裂造成的。这种损伤可能发生在下面 3 个地方：胫骨的前面，胫骨的后面，或者胫骨的侧面（沿着腓骨）。关于这种伤病的原因已经有大量的解释，肌肉紧张是其中之一，传统的治疗方法是动手术。今天，研究者把这种伤病归咎于过度的内旋，或者是由于重复施加应力而对骨头造成过多的震动。脚踝部位柔韧性不足（比如由于旧伤）也可能是原因。

治疗方法包括 RICE 疗法、停止跑步一段时间（听从自己的身体，停止 1~2 周时间）、用矫正器、拉伸小腿上的肌肉以及增加小腿力量。跑步的时候尽量避免跨大步，确保你的鞋可以给你很好的支撑和缓冲。

应力性骨折

应力性骨折是指骨头中存在很小的不彻底的断裂或者裂纹，通常是由于重复的应力和冲击造成的。当然骨头会自我修复，但是如果你破坏它们的速度要大于它们再生的速度，症状就会恶化。你可能全身各个部位都会患上应力性骨折，但是一般对于跑步者来说，通常是在胫骨和脚部。不仅小骨头会比较受影响，髋关节也可能患上应力性骨折。

尽管重复的冲击是造成应力性骨折的罪魁祸首，但是没有给身体提供必要的构造骨头的营养元素也会让它容易发生。（参看第 8 章，给你的身体补充营养。）

应力性骨折通常不会在 X 光机上显示出来，除非是正在良好的恢复过程中。医生可以安排一个骨头扫描程序来帮助诊断，但是物理的检测通常就足够了。应力性骨折的关键标志是集中在某个特定区域的尖锐的疼痛。

治疗方法包括 RICE 疗法，在恢复好之前不要再做任何有伤害的活动。不推荐模套固定的治疗方法，根据骨折的位置和严重程度可以采用别的固定方法，比如拐杖。应力性骨折如果没有尽早治疗的话可能会很严重；一发现这种伤病就去治疗可以让你早一些回到跑步中。为了避免应力性骨折，要避免在坚硬的地面上跑步，要确保你脚上穿了一双合适的鞋。

林恩

林恩是前加拿大奥运会选手，1984 年洛杉矶奥运会 3000 米跑铜牌获得者。在她多年的运动生涯中，曾经克服过髂胫束综合征和大量的应力性骨折。在洛杉矶奥运会前，林恩又患上了应力性骨折，导致她不能跑步。

“在恢复的前期，我采用游泳、在山地上骑车等交叉方式来训练。因为这些运动可以让我保持有氧运动的能力，同时还可以锻炼跑步时用不到的肌肉群。当有人建议我尝试在水中跑步后，我也欣然接受了。”

由于林恩把目标锁定在奥运会，所以她制订了新的训练方案。几周后，她练就了一个舒适并且有效的技术。林恩在回到陆地上跑步之前，在水中训练了 8 周。继续在陆地训练 4 周后，她在 3000 米比赛中跑出了个人的最好成绩，创造了新的加拿大纪录。林恩把她的复原归功于在水中跑步。

延迟性肌肉酸痛

如果你尝试了一项新的运动或者经过很长时间又重新开始一项运动，锻炼后感觉僵硬和酸痛是正常的。“延迟性肌肉酸痛，或称DOMS，”吉姆·麦金太尔博士解释说，“是由于异常的锻炼量导致小血管微创伤而引起的。血管的创伤会引起体液渗出和聚集。”酸痛代表你训练得太多太快了。你可以平缓地锻炼直到酸痛和肿胀感减轻，拉伸、冷敷受影响的肌肉，抬高你的腿也会有帮助。

伤病后恢复跑步

并不是每个跑步者都会患上由跑步引起的伤病，如果你不幸受伤的话，你没有必要在治愈前停止训练。如果你的医生没有特别嘱咐的话，你可以在受伤期间参加各种低冲击的有氧活动来保持你已有的体形。这些活动包括划船、游泳、泳池跑步、骑车、越野滑雪，甚至是行走。如果你能正确对待你的伤病，它们大多数会在3~4周痊愈（应力性骨折时间要长一些），然后你就可以回到正常的训练计划中了。

但是不要太急于开始跑步，你应该逐步恢复。如果你是在这项跑步行走计划的中途由于伤病而停止下来的，你应该考虑从头再开始。从头再来听上去不那么有趣，但是那些顶尖的运动员在从伤病中恢复的过程中也常常使用一个类似13周跑步行走训练的计划。一个总的原则是每周的活动强度增加不要超过10%（时间或者距离）。听取医生的建议，在继续你的跑步计划之前记住下面的一些忠告：

- 确保你在活动时受伤的区域没有疼痛感。
- 检查你身体受伤的那一边和没有受伤的一边是等效的——通过力

量、耐力、协调性和移动的速度来衡量，或者至少它应该和受伤前表现得同样好。

• 确保你在心理上准备好了恢复跑步，对你不会再受伤要有自信。

记住这章讨论的只限于跑步者易患的那些伤病。还有一些别的伤病。注意留心伤病，要从专业的运动医学医生那里寻求建议。塑造体形是一件好事情；但是为了这个目标而让身体受伤就不是了。

受伤对心理的影响

到目前为止，我们的注意力侧重于从伤病中康复的身体要素。直到最近，很多运动医学方面的焦点也都放在如何让运动员从身体上做好准备来重新跑步上。但是，阻止你回到跑步中的可能是高度情绪化的伤害，它可以破坏你的心理健康。越来越多的医生意识到从心理的角度来帮助跑步者和一般的锻炼者从受伤中恢复的重要性。如果没有正确认知和对待受伤的情绪，他们只是解决了问题的一部分。

一个人对受伤的反应和后来的应对方式是随个体变化的。按照运动心理学家大卫·考克斯博士所说，任何一个经常跑步或者锻炼的人在受伤后，当他们不能表现出最好的状态时，都会经历相当长的调整期。许多心理学家都认为这个调整期有 5 个阶段：拒绝和自我隔离、愤怒、期待、绝望、接受。考克斯博士说："这个模型对于预测受伤后的情绪反应非常有用。"

提示：

· 和热心的帮助者建立积极的关系。

· 自学关于自己的伤病的一些知识以及恢复的课程。

· 制订一个恢复的计划。

· 学会一些有帮助的心理技巧，比如设定目标、放松、积极的自我交谈和想象。

· 为自己恢复过程中可能遇到的挫折和没能预想到的进展做好准备。

受伤时仍保持活力

受伤时仍保持活力对于跑步者来说是非常重要的，关于这个观点有各种原因可以来解释，其中有一些早已经被证明是对的。一种保持活力的方式是交叉训练——保持力量和有氧健身的非常棒的一种方式。交叉训练也可以帮助患者同受伤后常见的情绪低落作斗争。

对于任何一个被迫停止跑步的人，或者一个和处于这种境况的人生活在一起的人来说，受伤缺阵充满了无奈。但是不一定非要这样子想。受伤后的恢复阶段也可以被看作是尝试另外一种运动的机会，可以增强你在过去一直忽略的身体部位的力量。如果在受伤中做交叉训练，那么很可能你会更耐心地采用渐进的方法来回到跑步这项运动。如果你担心健康或者肥胖问题而急于再开始跑步，常常会导致再受伤。

泳池跑步

除了游泳、骑车和行走之外，为什么不尝试泳池跑步呢？它看上去可能不是最让人兴奋的运动，但是在泳池中跑步对于在受伤恢复期的人来说是一种非常棒的保持健康的方式。它也是一种安全有效的方式，使用这种锻炼方式你就可以在计划中额外增加跑步的训练，而且能够避免由于跑步时间和强度的增加而造成的过度损伤。

关于在水中跑步的提示：

在泳池中跑步非常关键的一点是要采用合适的跑步技巧——手臂和腿部快速划水以让你保持漂浮，同时从泳池的一端移动到另一端。控制好速度，不是以赛跑的速度跑到另一头，也不是以行走的速度。当你在提升自己的技巧时：

• 要尝试恢复你跑步时候的状态。

• 避免让腿做自行车运动——股四头肌要向前延伸而不是向上，腿筋要能够感觉到水向后有力的拖拽作用。

• 保持直立的姿势，要避免向前倾斜太多。

• 保持头部舒服地处在水面以上。

• 避免狗刨动作；保持肩膀放松，把手臂向前伸直然后再往后划入水中。

• 用指尖划破水面，然后用手肘往后划。强有力的手臂动作是非常有用的。

• 注意保持手肘靠近身体（为了避免横向运动）。

经历重大的健康问题后重新开始跑步

如果你在经历过重大的健康问题比如心脏病发作、髋关节置换手术或者癌症后，想再重新开始跑步，听从医生的指导很关键。即使你在生病之前已经是一个规律的锻炼者，听从医生的建议仍然是非常重要的。

下面是一些人常问的关于跑步的问题，他们想知道是不是可以重新开始跑步，以及如何重新开始，答案由运动医学专家杰克·汤顿博士提供。

• 问：我受伤后能再重新开始跑步吗？

答：对于一些正在从重大的健康问题中恢复的人，比如做过髋关节置换手术，或者不断被膝盖疼痛困扰的人来说，跑步或许不是他们受伤后再从事的最好的运动。相反，行走、游泳或者骑车是更好的选择。

• 问：我一直有膝盖疼痛的问题，即使我穿了合适的鞋也无法缓解。我还曾经用矫正器来矫正我的跑步姿势，但是都无济于事。我能够再开始一段训练计划吗，还是说我应该尝试别的运动？

答：在放弃跑步之前，尝试用下蹲来增强你的股四头肌力量，然后再逐步执行不列颠哥伦比亚运动医学理事会的跑步行走计划。

• 问：我最近做了髋关节置换手术，我还能够再回到正常的跑步计划中吗？

答：不能，只要你希望你新换的髋关节还能用很长一段时间，就不要再跑步。对你来说重要的是尝试别的运动，比如骑车或者游泳。

• 问：我患有关节炎，我还能跑步吗？

答：这取决于关节炎的严重程度。如果你的关节炎发生在髋关节、膝盖或踝关节，可以先改善你的力量，然后尝试骑车、游泳，在炎症控制住后，再尝试不列颠哥伦比亚运动医学理事会的跑步行走计划。

小结

1. 要按自己的计划来训练：不要跳过训练计划，特别是在计划刚开始的几周。

2. 听从你的身体：如果你感觉到疼痛，那么把训练计划往回调，并且寻求医生的建议。

3. 及时治疗你的伤病：用 RICE 疗法，如果伤病看起来很严重或者疼痛持续的话要寻求医生的建议。

4. 当你受伤或者生病后要调整训练计划。不要在受伤或者生病期间一直跑步，但在受伤期间仍要保持活力，你可以做交叉训练如游泳、泳池跑步或者骑车，这些运动可以化解腿部的应力，帮助你保持活力。

5. 不要穿不合适的鞋，避免在硬的或者崎岖不平的路面上跑步，避免错误的训练方法，这些都是容易引发常见伤病的因素。

10　为 10 公里赛事作准备

你的健身水平已经到达了一个新的高度，你已经成为一名坚定、专注的跑步者了，现在该开始计划参加你的第一个 10 公里跑步赛事了。参加跑步比赛是一次令人兴奋和振奋的经历。成千上万和你一样在马路、小路和跑道上训练的人现在要向完成 10 公里跑的目标努力了。

最重要的“要做”的事情是按计划安排好你的比赛时间，让 13 周跑步行走计划的结尾刚好和你的比赛日期同步。把你的比赛日作为 13 周计划的最后一个训练日。然后往回推算哪一天开始训练。

布鲁斯·安格斯，35 岁，自称“专业的业余”跑步者，在过去 20 年已经参加了不少赛事。经历过多年的尝试和错误，曾经获得过好成绩，也有很差劲的时候，他已经学会了很多关于为比赛作准备的知识。“你要做的第一件事是确认你在比赛前完成了所有的训练。”他笑着说。（不要笑，你会惊诧于有多少人在比赛前三心二意的——有的甚至只是积极地做了一两周训练，就出发去比赛了。）

在比赛前，安格斯像一个赛车手一样，喜欢了解赛道情况，感受一下赛道的环境。“我喜欢比赛前在赛道上驾车、骑自行车甚至跑步。熟悉完路线后，你会对赛道的地形有很清楚的认识，而且可以想象跑完它的场景。还可以了解赛道是什么路面，是草地、沙砾还是柏油路。赛道的种类和距离会决定你比赛时应该穿什么跑鞋。”

不管你参加比赛的动机是什么，几分钟的规划可以让你以完全不同的感受去享受跑步的过程。

你没有必要在任何时候都以竞争的姿态去参加比赛。你会发现很多人参加比赛不是为了和别人竞争。他们出现在赛场上只是因为比赛很有意思而且能够与人社交，这样的比赛可以激励他们坚持跑步。

比赛前

在开始你的13周跑步训练计划之前，确定你要为之做赛前训练的那场比赛，确认那天你可以参加。通常你可以在本地的跑步商店、社区中心和健身俱乐部以及网上找到参加比赛的方法。尽早报名的一个

塞巴斯蒂安

塞巴斯蒂安已经参加了10年的10公里赛事。这位精力充沛的25岁运动治疗师非常重视赛前准备程序。“比赛那天我起得很早。喝一杯奶昔，读报纸上的体育版来放松自己。在我第一次参加跑步比赛的那天早上，我非常紧张和焦虑。我铆足了劲走到起跑线，当哨子吹响后，冲过起跑线，但是几公里后就放弃了，”他说，“现在我敢保证比赛那天会感觉很轻松了。早上我会先享受一段‘自己的时间’。”

附加好处是报名费用通常比比赛前几天明显低很多，一些大型的赛事在比赛当天是不可以报名的。

在比赛前的一周，你的注意力应该放在为比赛那天作好心理和身体的准备上面。在你比赛前最后一周的训练中，应该留出几天时间来休息。在这个阶段进行更多的锻炼是不会让你变得更健壮的。最后一周尝试睡几个好觉。比赛前夜的紧张通常会让你整个晚上都休息不好。如果在这周你能够提前几天睡几个好觉的话，这个问题就很容易解决了。

在训练期间，特别是最后一周，要吃好。日常饮食要比赛前餐重要得多，所以赛前几周选择正确的饮食会对你有所帮助。赛前餐不能为你的营养提供什么补偿作用，这顿饮食的能量不会及时输送到肌肉中以帮助你比赛时好好表现（除非是持续3小时或更长时间的持久比赛）。但是保持身体水分是另外一回事，在比赛前的一两天内要避免喝酒精饮料，如果你喝酒了，要确保同时喝了大量的水。赛前保持充足的水分对你的身体来说非常重要。

熟悉比赛路线可以让你在心理上作更好的准备。在地图上检查一下跑步路线，更好的方式是，在比赛前花一些时间走一下路线，可以开车或者骑自行车。不要在赛前尝试走完或跑完整个路线，要为正式比赛节省能量。

最后要注意的是，赛前几天去取比赛包。比赛包里面有你的比赛号码、计时芯片（如果比赛用这种自动计时系统的话）以及比赛赞助商提供的一些好东西。取比赛包并且感受一下比赛的气氛是让你兴奋起来的极好方式。

赛前检查列表：

- 休息，特别是在比赛前 72 小时之内。
- 在日程中规划好健康的饮食，保持足够的水分。
- 去取自己的比赛包。
- 看一下比赛路线（或者比赛前一天开车跑一遍实际的比赛路线），了解卫生间、医疗室和补水站的位置。

如果比赛前的晚上你没有睡好，不要为此担心。更重要的是比赛前两天晚上睡好觉。

比赛前一天

比赛前一天尽可能多休息以保证不会消耗很多能量。提前作个计划可以减少比赛当天的焦虑感。

根据天气预报来计划你穿的衣服，注意不要穿太多。列好穿什么衣服和鞋子。最开始的时候为了保持暖和，可以穿一件旧的运动衫，这样你开跑以后可以扔掉它。要确认你的跑鞋合脚。比赛当天穿一双新的跑鞋可能会是一个重大的错误。

除了安排好你的衣服和鞋子，还有一个很好的主意是带上一个装有一些重要物品（比如更换的衣服、袜子、一双舒适的鞋、一条毛巾、一个水瓶、防晒霜和零食）的包裹，以及其他你认为比赛后会直接用到的东西。调查一下是不是需要作装备检查，如果是的话，把这些东西都装在一个容易辨认的包里面。你或许也想带上一些卫生纸，因为赛前上厕所时发现纸架空了这种事情通常都会发生。

把你的比赛号码别在跑步T恤上面。如果你有哮喘、过敏症、糖尿病、高血压、心血管疾病或者别的健康问题，最好在你的号码背后简单写下你的医疗史，并列出你通常吃的那些药。这是比赛中发生紧急情况时医务人员第一个检查的地方。如果你参加的赛事用计时芯片的话，把它用比赛方提供的拉链系在你的鞋上面。确认它安全系好了，而且不会在周围乱晃。

一旦你安排好自己要穿什么样的衣服，就要计划好在哪儿和你的家人以及朋友见面。在大型的赛事中，一般有好几千的参加者，终点处可能非常拥挤。选择一个在你完成比赛后每个人都能找到你的碰头的地方。

阮姬

作为跑步赛事的组织者之一，阮姬喜欢在别人到达比赛路线之前到那儿。“赛道上有一种我十分享受的安静祥和，”她说，“一旦人们开始到来，气氛也开始变了。”她对跑步者主要的建议是：“了解路线，比赛前一天，按地图上的路线过一遍——开车，不要跑。同样，也要了解洗手间和补水站在哪儿，这样在比赛中途你才不会恐慌。”

阮姬组织过遍布不列颠哥伦比亚省的各种天气条件下的各种赛事。她建议参与者分层穿衣服，因为天气可能会有戏剧性的变化。“有时候早上天气非常潮湿，但是可能比赛开始30分钟后太阳出来了，外面又热了起来。分层穿衣服是保持跑步过程中身体不过热的一种极佳的方法。”

最后，决定一下赛前你要吃什么东西。大多数跑步者往往选择那些他们熟悉的而且爱吃的食物。赛前一天，面食是非常棒的晚餐，因为它富含碳水化合物，而且很容易消化。你也应该考虑一下比赛当天你的第一餐是什么。时间非常重要。如果你能够在跑步前2~3个小时吃东西的话，你可以吃少量的富含碳水化合物的食物，它们最好是低脂肪食物，同时含有少量的可以持续供能的蛋白质。一些可能的选择如下：

• 低脂酸奶配低脂燕麦和葡萄干

• 一个全麦百吉饼配花生酱和蜂蜜

• 现成的冷谷类食品，低脂牛奶或豆浆

• 含1%牛奶的燕麦粥和一片水果

如果你赛前只有一个小时左右，那就可以吃一顿流食，比如酸奶和水果奶昔或代餐饮料。也可以选择运动能量棒，但是确认要选择至少包含30克碳水化合物和不超过8克蛋白质的能量棒。

比赛前一天的检查列表

• 准备一个包来装你的比赛服以及更换的衣服。

• 在你的比赛号码背后写上医疗史、过敏史以及治疗药物，然后把号码别在你的T恤上面。如果你参加的赛事使用计时芯片，把它系在鞋上面。

• 在比赛前一天的晚上吃富含碳水化合物的食物，比如面食。比赛前再吃少量的高碳水化合物食品。

• 如果你想保持足够的水分，在比赛前一天要多量多次喝水。

• 仔细检查比赛的开始时间和地点，最后再在地图上看一眼比赛路线。

• 选择一个比赛后与家人和朋友碰头的地方。

提示：定好闹钟，要仔细检查。如果你待在旅馆的话，可以要求叫醒服务，这样会保险一些。

比赛前一天晚上按照下面的项目打好包裹：

• 跑鞋（多带些鞋带），计时芯片（如果提供的话）

• 跑步服，将号码用安全别针别在上面

• 毛巾和卫生纸

• 防晒霜

• 水瓶

• 比赛信息

• 现金

比赛当天

在这个大日子里，你可能会感觉兴奋和紧张。要记住比赛开始的时间，至少在比赛开始前1小时到达现场。留足够的停车时间，参观一下休息室（可能会非常拥挤），然后到起跑线。

比赛开始前大概20分钟做适当的热身。即使你想为比赛保存更多的体力，跳过热身也是不可取的。为了提高你的心率，要到处活动一下或者慢跑直到“鸣枪”。当你在等待的时候，确保在比赛开始前10~15分钟喝1~2杯水。尽量少喝咖啡。最好避开会让你的肚子不舒服的食物和饮料。

在大多数赛事中，参与者会根据他们预计的速度来排好队，当然要在前面留够空间，因为那个地方一般是为跑步精英准备的。要记住你的目标是完成比赛，不应该在比赛最开始的时候就冲刺一般地往前跑，这样对你来说太快了。有些比赛还有步测者，他们出发的时间是按照你们预定的完成时间而决定的；看看是否有人带有步测者的标志，如果有，而且你有自己的目标完成时间的话，跑在他们的周围。

如果天气不太好，尽量保持温暖和干燥。如果你在等待起跑的过程中感觉到了寒意，那就再穿一件你带来的准备用完后丢弃的T恤或者运动衫，一直穿到跑步开始前。许多比赛组织者会收集这些丢弃的衣服，然后把它们捐赠给当地的慈善机构。另一个办法是按照你的头和手臂的位置把垃圾袋撕出洞，然后套在身上。

发令枪响之后

开始的时候要有耐心，因为穿过起跑线可能要花一点时间。如果你注重精确的时间，可以用自己的运动手表。如果比赛用计时芯片，你的芯片会在穿过起跑线的时候激活，直到你穿过终点线都会记录时间。这个“芯片”精确记录了你跑完全程所花费的时间。

提示：10公里比赛过程中身体水分的流失（汗水）会随个体不同而不同。

但是，环境因素比如炎热和雨水对于出汗的速度影响非常大。

开始的跑步步伐要能够保持到完成 10 公里路程。最开始几公里这样的步伐应该让你感觉相对来说比较轻松。如果一开始跑得太快，那么接下来的比赛过程你会很吃力，还会有完不成比赛的风险，所以要确保不要比平常跑得快，因为你会不自觉地尝试跟上别人。一旦你融入自己的步伐中，就开始享受跑步的氛围和周围的景色吧。还要保持礼貌，不要急停和突然改变方向，以一种安全可预测的方式跑步。比赛时会有很多别的跑步者，要给他们留有改变跑道的空间。如果你尝试超过某人，要确认超之前和准备超过的人前后只有两大步的距离。如果你跑得比你所在队伍的其余人慢，尝试稍微靠跑道右边一些，这样可以给快一些的跑步者在你周围留出一条小道。最后，要按照路线来跑，略过你必须经过的角落以缩短距离是欺骗行为。要为自己能够完成整条路线而自豪。

不要忘记在沿途的帮助站喝水。比赛过程中每 15~20 分钟要喝 1/3~1/2 杯水。不要把水杯扔在赛道上，因为别的跑步者可能会踩到它。要扔在主办方提供的箱子里面，或者至少，把杯子掷到路边。

提示：如果你在比赛的最后一部分时间还有体力的话，追上并超过你前面的跑步者。这是一个很让人愉快的心理游戏，可以激发你一直跑到终点。

比赛之后

你可能精疲力竭，想停下来好好体会一下到达终点线的滋味，但是你需要继续往前移动。在终点有很多跑步者汇集在那儿。那里可能变成一个滞留点。不要插队，特别是在没有用计时芯片的情况下，因为你到比赛终点线的顺序会影响整体的成绩。聆听比赛官员发出的号令，跟着人流往前走。

一旦你穿过了终点线，花点时间让身体正确地放松下来。在完成比赛后保持肌肉活动 10~15 分钟，在身体还温暖的情况下，做一下拉伸活动。这些应该是温和的活动——放松你的小腿、股四头肌、腘绳肌和臀肌。

当你做拉伸活动的时候，在终点区域喝一些水或者吃点点心。百吉饼、香蕉和能量棒都是很好的选择。补充一下你在比赛过程中消耗的液体和能量，要确保把你的香蕉皮扔进比赛组织者提供的箱子里面。

最重要的是，庆祝你的成绩。一旦比赛结束了，就找时间祝贺自己，并和朋友与家人一起庆祝。自豪地穿着你的比赛 T 恤；你会诧异于你和那些完成比赛的陌生人之间的谈话会激起这么多的火花。一旦尘埃落定，再选择一个 10 公里比赛参加，然后重新开始所有的计划。享受前方的路吧！

比赛日的检查列表

- 比赛前 3 个小时，开始补充水分，吃适量的含高碳水化合物、低脂肪和少量蛋白质的食物。
- 在比赛前 20 分钟开始热身。

• 为了对付寒冷天气，穿塑料袋或者旧衣服来保暖。

• 保持自己的步伐。

• 放松，玩得开心。

小结

1. 在你开始13周跑步行走计划之前，选择一个10公里赛事参加，这样可以每个星期都注意自己的目标，并在比赛前完成自己的训练。

2. 比赛前的一周内，要充分休息，吃合适的食物，保持水分，并研究比赛路线，你所做的这些都会帮助你在比赛那天走向成功。

3. 提前计划，安排好穿什么衣服，怎样到达比赛场地，比赛后做什么来放松自己以及庆祝。

4. 比赛过程中，保持自己的步伐，确认在每个帮助站停下来补充水分。

5. 庆祝自己的成绩，然后开始思考下一个跑步目标。

11　接下来做什么？

当你完成 13 周跑步行走计划后，可能会认为自己和以前不一样了。你的健身水平有了新的飞跃，你也对自己更加有信心了。你会确信，如果期望某个东西，经过努力就会得到。如果和别人一起训练，毫无疑问你会认识一些你过去的生活圈子里面见不到的新朋友。但是如果这个训练计划结束了，你可能会问自己：“现在做什么呢？”

从生理的角度来讲，成功地完成了这项计划给你带来好消息的同时也带来了坏消息。好消息是你在过去的 13 周耐心发展起来的健康的心血管水平是很容易保持的。所有你必须做的事情就是继续以前所做的——1 周 3 次有氧锻炼，每次 30~40 分钟。你没有必要一直强迫自己了。但是，如果你想继续提高健身水平的话，就要准备继续挑战了。一个方法是执行 13 周快跑计划（见附录 C）。你会注意到它提供了进一步的挑战，包括山地重复跑训练和间歇训练。但是要记住：在完成这项 13 周跑步行走计划之前不要开始快跑训练——除非你经常跑步，否则你会有受伤的风险。

坏消息是，如果你把完成这项 13 周跑步行走计划当成终点的话，你辛辛苦苦获得的健身水平会慢慢降低，就像水渗进了沙子一样。过上 1 个月，它会大大降低。你会发现辛辛苦苦积累起来的老本在很短的时间内就吃光了，这真是不公平，但是事实就是这样。你的身体会回到开始这个计划之前的状态。

一些人并不介意。他们施行这项计划可能只是想看看自己能不能完成，或者是因为朋友之间的挑战。有时候这些人放弃了健身，再也没有回来过。这只是个人的选择——尽管不是一个健康的选择。

另外一些人发现他们完成了训练计划后，再没有计划可以遵循了，他们的动力也溜到九霄云外了。这倒不是个人的选择：他们只是因为没有计划而迷失了自己，在意识到这点之前，他们的身材又走样了。

如果这样的事情发生在你身上，或者发生了某些事情——比如家庭成员生病或者工作上发生危机——阻止你保持目前的健身水平，你总是可以从头再来的。现实不会像听上去的那样糟糕。你可以干脆回到最开始，从头开始 13 周计划，你会重新回到巅峰水平的。这种情况不是个例。很多在完成训练计划后又丧失了健康的人，每次在赶汽车的时候都会像一列旧蒸汽火车一样气喘吁吁的，他们对此非常不高兴，于是好几个月后又回到了这项训练中。重新开始要比退出好几百倍。

但是，在执行这个训练计划的同时，大多数人会发现自己实际上很享受新的健身水平，于是想做一些必要的事情来维持它。训练计划结束一些天后再重新开始根本不会对健身水平造成负面影响。相反，实际上，身体可能会非常感谢能够有恢复的机会，特别是如果你的训练是为比赛而准备的，而且达到过 10 公里的顶峰。在比赛后的一周或者训练计划结束后，你该开始想想怎么样继续下去，怎样进入正常的日常健身程序。

要想保持在巅峰水平有好几种办法。你可以简单地继续目前的时间安排，每周 3 次 30~40 分钟的训练课，这种方法相对来说会比较容易，因为身体已经对这种安排轻车熟路了。如果你发现更长的训练课太费力或者太费时间，那么你可以在工作日的时候进行半个小时的训练，但是周末找时间至少做一次 45~60 分钟的训练。你可以调整训练的时间来配合日程安排；只需要记住保持健身水平的关键是频率和强度——就是说多次少量的锻炼要比只有一次更容易保持健身；即使只有 20 分钟的锻炼也比没有锻炼要强。或者你可以每天做那种 10~15 分钟的“喷射式”训练。如果你不喜欢跑步，快步行走也可以让瞬时心率加快，帮助你保持一个健康的健身水平。

斯坦福大学的研究人员在 1977 年的一项研究表明，那些参加锻炼、保持健康体重和不吸烟的人，在 75 岁之前丧失活动能力的概率是没有这些习惯的人的一半。

如果你发现自己缺乏动力，那就报名参加你所在社区的跑步和行走比赛。现在，到处都有跑步者，他们大多数人喜欢聚在一起。他们参加比赛的部分原因是衡量自己的进展，部分原因是社交。你本地的跑鞋店或者社区中心会有这样的赛事的日程安排。同样，行走俱乐部比比皆是，他们的活动通常会在本地的报纸上列出。

如果你完成了训练计划，发现跑步并不是自己的菜，不要绝望。跑步不会适合所有人，这可能是一件好事情，因为如果每个人都跑步的话，一些跑步路线就会太拥挤了。但是，不喜欢跑步不意味着退回到沙发上，不受一切控制。我们在第 7 章讨论过，有各种各样别的可以让人愉快的有氧锻炼活动。骑车、游泳、越野滑雪和长距离徒步都是非常出色的可以用来代替跑步的运动，同样还有直排轮滑、皮划艇、团体健身操课，甚至只花些时间在健身房里爬楼梯也好。

重要的是要找到一种你喜欢的有氧活动。你越喜欢它，就越能够找到时间去做。此外,即使你需要坚持进行健身计划中的一些有氧活动，你可能也会喜欢尝试一些无氧的急停急启的体育运动。如果你喜欢这些运动的话，可以尝试足球、壁球、垒球、排球、网球、篮球、曲棍球或者羽毛球。这样的一些运动看上去好像需要人长时间站立，但是要记住，一旦你想做好的话就要耗费大量的力气了。羽毛球可能是休闲运动，但是你也可以汗流浃背地训练——这取决于你。重要的是你要通过做一些喜欢的运动来保持健康。

接触任何体育运动时，都要记住 3 个锻炼的原则——适度、一致和休息——不要期望自己会成为一个专业的运动员。每种运动需要不同的技巧，你需要一段时间来学会它们。每次参加一项新的活动时，你都会发现有很多的障碍需要去克服。同样你总是会到达能力的瓶颈，而只有耐心和练习才能让你越过它。如果你觉得继续下去比较困难的话，那就去上课，或者从更有经验的参与者那里寻求帮助：每种运动都会有一些具有奉献精神的爱好者，他们很乐意帮助新人找到进步的方法。

除了参加有氧的和无氧的运动，做一些力量训练也是不错的主意，比如举重或循环训练。如果想增强自己的力量，突破一些障碍的话，可以尝试攀岩。

不管你选择了哪种活动，关键是要做好充足的准备，包括热身和运动后的放松、吃有营养的食物、准备合适的衣服和装备、警惕潜在的受伤等。换句话说，你从本书中学到的基本知识和你可能参加的所有活动都是相关的。

❖ ---

在过去的17年间，超过75 000名参加这项跑步行走计划的人成功完成了10公里的跑步赛事。

--- ❖

决定下一个挑战

不管你是想保持目前的健身水平、让锻炼项目多样化还是想提高10公里赛事的成绩，要记住你已经是一位健身成功者了。到目前为止，你已经明白了树立一个目标和建立起达到目标的清晰计划是成功的关键因素。

许多人已经在头脑中有了下一个健身目标，但是对于那些还没有的人来说，可以考虑一下下面的问题，以帮助你们树立下一个运动里程碑：

- 你施行规律的跑步计划有多久了？
- 你花费多长时间来制订自己的锻炼计划？
- 在执行这个13周跑步行走计划的过程中你受过伤吗？
- 你享受你的训练计划，想继续或者增加跑步的距离和强度吗？
- 你为接受下一个挑战作好心理和身体上的准备了吗？
- 你对跑步厌烦了吗？你需要尝试另外一种体育活动吗？

训练跑得快一些

如果你保持规律的跑步训练至少 1 年了，好几周来都没有受过伤，并且想增加训练强度，那么就可以接受新的跑得更快的挑战了。减少完成 10 公里赛事的时间这个目标是让人兴奋的，这和仅仅完成 10 公里比赛这个单一的目标有很大不同。达到减少比赛时间的目标的关键是一个多样化的、组织得很好的训练计划。

采用各种训练技术不仅可以提高健身水平，而且会帮助你保持动力。间歇训练、节奏训练、山地跑和法特雷克训练（fartlek training）是 4 种常用的训练方法，成功的跑步者们用这些方法来提升力量和改善速度。如果你是一个跑步初学者，可以尝试在跑步计划最开始 6~8

丽莎

经过 3 年的跑步，丽莎的身材从来没有像现在这样好，但是她也受到了别的运动的诱惑。“我的男朋友是一个攀登者，他把我带到了这座山面前，”她说，“没有什么压力，我只想跟上他和他的朋友们。当我到达距离山顶最后 3 米时，我胆怯了。在我男朋友的帮助下，我下到一个岩石平台，然后等待恐慌消退。我只是到达了靠近顶部的地方，他告诉我这没有那么重要，但是我知道我一定得再尝试一次。”

“第二次对我来说容易多了，一部分原因是我知道自己所期望的是什么。我爬了上去，把手放在最高点，然后又爬了下来。我想这是我做过的最艰难的一件事。”她仍然喜欢跑步，但是如她所感叹的那样，她也被攀登所吸引，“还有好多山要爬呢。”

周期间每周融入一次速度训练。如果你已经每周跑 3 次步了，把其中的一次换成速度训练。

一旦你经过 8 周的时间连续完成了大概 8 次速度训练，而且没有受伤，你可能会想在每周的训练计划中加入第二轮的速度训练课。第二轮训练课，或者也叫速度训练，应该和第一轮有所不同。举例说，如果你第一轮 8 周的速度训练包括每周一次的山地训练，那么下一轮的训练课应该融入法特雷克训练或者间歇训练。

和你的 13 周跑步行走训练计划一样，一致性对于改善速度来说是必要的。即使是注意力最集中的那些人，他们的意志力也会随时间的流逝而消退，所以找一个有相似目标的训练伙伴是一个保持动力并继续留在跑道上的好办法。即使健身水平不一样，速度训练也很容易调整，可以容纳差异巨大的所有训练成员。通过做一些更短的速度间歇训练、在休息时重新分组，群组可以提供给每个人需要的支持和动力来完成必需的训练。

根据 1997 年犹他大学护理调查结果，在回应他们调查的癌症存活者中，90% 的人说训练让他们感觉更放松和神清气爽，94% 的人说训练可以让他们对自己的整体健康感觉更好。

山地训练

沿着山坡往上跑可以提升肌肉和心血管的持久力，并且可以很好地过渡到速度训练。山地可以增加训练的挑战性。山地训练很适合那些有不同速度和耐力的群体跑步者。记住，你需要把每次的山地训练部分当作一次单独的训练，在恢复过来之前不要重复。

沿着山坡往上跑时，注意保持平衡，缩小步幅，把膝盖抬得稍微高一点，手臂保持摆动。不知不觉地，你会到达下山的那边。这时尽可能用重力，步子迈大一些，保持屁股在脚的正上方。

在计划山地训练课时，选择一个至少 100 米高而且不太陡的山坡。你需要一个上升平缓而不是陡崎的山坡，这样才可以往上跑。上下坡的次数可以根据时间和距离来确定；这完全取决于你。举例来说，艰难地跑上一个 45 度角的山坡，停下来和训练伙伴重新分组，然后慢跑下山到容易落脚的出发的地方，这样能让你们的呼吸平缓下来。重复 5~7 次，这取决于你们的健身水平。需要注意：如果你到达山底时呼吸还没有缓和过来，你就太强迫自己了。当然这也是一个评估你训练强度大小的很好的方法。你可能会强迫自己提高训练强度，但是你可能更想明天还能继续跑步。大概 8 周后，可以慢慢增加重复的次数。

不管以哪种速度训练，你都要确保用简单的动作做 10 分钟的热身活动。完成速度训练后，最好再用简单的动作做 10 分钟的放松活动。通过速度训练之前和之后的简单的活动，你可以让自己的身体热起来并放松肌肉。

如果你周围没有任何山坡，也有其他可替代的训练方法来增强力量和耐力。下面是一些建议：

• 跑步机锻炼，你可以把机器倾斜 7% 的角度，这是模拟山地跑步的很好的方式。在跑步机上你也可以做锻炼前的热身或者手动调整速度，这样你可以按照前面的概述来模拟路面的训练。

• 自行车和踏步机间歇训练是非常棒的训练方式。做 10 分钟热身活动，增加强度再锻炼 4~5 分钟，然后恢复。几次训练课后，尝试增加一次这样的训练。

• 在你家附近的棒球场做露天阶梯训练是一种有挑战性的有趣的增强腿部力量的方式。热身，然后用比较难的步伐跑到台阶上，然后再走下来——把这个作为一组训练。随着力量的改善，慢慢增加训练组。记住，如果你在台阶的底部喘不过气来的话，那么就太勉强自己了。

间歇训练

这种训练是两种活动的组合，即比正常步伐快的跑步活动和恢复阶段的行走活动，目的是增强系统输送氧气的能力并改善肌肉耐力。以稍微快点的速度跑一小段时间，接着是恢复时间，可以行走或者慢跑。可以通过时间和距离来测量间歇；这取决于你。

记住在开始每节训练课之前做 10 分钟热身，在训练课之后再做 10 分钟放松活动，之后再做一些拉伸活动。热身和轻松的跑步活动要在感觉很慢的速度下进行，这样可以让肌肉为速度训练做好准备，并从强度大的速度训练中恢复过来。

如果速度训练对你来说还比较陌生，可以按照你的目标比赛速度来开始，跑 2 分钟，再接着做 2 分钟轻松的活动。这 2 分钟轻松的活动是你的恢复时间，可以行走或者慢跑。2 分钟大强度跑步和 2 分钟轻松跑步或行走是一个训练组。在前 3 周每周做 3 组训练，然后再逐步增加到 4 组和 5 组。对于那些跑步初学者或者对速度训练还陌生的人来说，在速度训练的前 6~8 个月不要尝试每周超过 5 组这样的训练。

每次训练的距离和时间由你来决定。一些跑步者可以几个月坚持同样的训练内容，而另外一些却会觉得这样很无聊。通常比较好的办法是改变训练内容来让你保持兴趣和动力。其他针对初学者的间歇训练包括：

• 5 分钟的大强度训练加上 2.5 分钟的轻松活动。重复 3 次，逐步增加到 5 组，或者

• 重复做 3 组 1 000 米跑，休息时间大概是加速时间的一半。

记住，休息的目的是为了让你从大强度的训练中恢复过来，你的呼吸也可以恢复正常。如果在间歇期间呼吸不能恢复的话，你就太勉强自己了。同样，你的感觉也会随着每次训练而变化。外界的因素比如风、雨、温度，还有压力和睡眠也会影响你每天跑步的感觉和速度。开始的时候轻松一些，快结束的时候再强迫自己快一些，这总是一种好方法。如果开始的时候就很艰难，可能会感觉不再想往前迈一步，最后只好结束训练。

法特雷克训练

法特雷克训练是在连续的步行或跑步过程中完成一系列的随机爆发。这些爆发可以在任何地方开始，持续时间从 20 秒到 3 分钟不等，每 2~4 分钟可以做一次。它们持续的时间和速度取决于你自己。训练重点是：在爆发期间的跑步速度应该比你正常的训练和比赛速度要快一些。每段艰苦的跑步之后是一个恢复阶段，这时候你的步伐会慢下来，直到呼吸恢复到接近日常休息时候的水平。当然，关键是要保持运动。这种训练方法非常适合在有变化的地形上进行练习。

在开始法特雷克训练之前，记住要热身 10 分钟，结束训练后还要做 10 分钟的放松活动。初学者可以做 1 分钟训练接着做 1 分钟轻松的活动。开始的时候做 10 组。6 周后，逐步增加到 12 组，然后 15 组。

还有一种建议是利用地标，比如以电线杆作为加速和降速的指针。举例来说：快速跑过 2 个电线杆，再放松地跑 2 个。重复 7 次，逐步增加到 15 次。

节奏训练

节奏跑步是指保持一个较快的连续的节奏来跑步，这个节奏要比你感到轻松的情况下快一些，但又能让你坚持一段时间，例如长至一个小时。节奏跑步可以教会身体如何在疲劳之前跑得更快，而且，像本章描述的别的速度训练一样，它可以根据时间和距离来完成。初学者可以以大概 3 公里的距离来开始节奏跑步，或者 15~18 分钟。经过 6 周的成功训练之后，每两周增加大概 1 公里，或者 7 分钟，直到你达到 6 公里，或者 25 分钟。记住要包括 10 分钟热身和放松。每次跑步结束后应该做 10~15 分钟的拉伸活动。

训练跑得更远

如果你已经完成了 13 周跑步行走计划，还继续享受跑步的乐趣，而且想增加跑步的耐力，你或许会对半程或全程马拉松的训练比较感兴趣。这些距离是很多人都能够完成的，只要按正确的方式用我们在本书中所提供的一些基本原则来训练。

但是在进入强度更大的训练之前，有一些事情你需要了解。如果你的目标是完成全程马拉松，那么要了解：大多数经验丰富的跑步者都会建议你在尝试 42 公里的全程马拉松之前要完成一个半程马拉松的训练。加拿大奥运会选手林恩 · 卡努卡建议你至少要 6 个月连续每周跑 3 次步，这样才能完成运动医学会的 26 周训练。

不列颠哥伦比亚运动医学理事会的《马拉松和半程马拉松：初学者指南》可以引导一个久坐不动的人在 26 周内从不活动到完成一个半程或者全程马拉松，如果你完成了 13 周跑步行走计划，需要的时间就更少。在最开始的几个月，要每周训练 3 次，每次花费 1 个小时。和运动医学会所有的出版物一样，这本书会帮助你很好地作准备、避免受伤以及跑过终点线。

比赛还在继续

很多完成了 13 周跑步行走计划的人可能在开始这项计划之前就知道这种运动是适合他们的。一些人把跑步当成一种放松的方式，总是独自一个人跑。另外一些人却认为跑步是他们社交生活的重要内容——这是一种结交新朋友的方式，不管他们在哪儿跑。他们中的很多人会加入跑步群体，几年后会谈到他们已经跑了“好几千”英里，并且参加了好几十个比赛。而另外一些人却认为比赛是高于一切的。

参加比赛的理由有很多，但是主要的理由应该是它们很有意思。在这些赛事中你们能发现很伟大的友情，一些跑步者去参加比赛只是因为他们喜欢见到这样的人。比较高调的跑步赛事包括在加拿大不列颠哥伦比亚省举行的温哥华太阳跑步赛、在英格兰纽卡斯尔举行的大北方跑步赛（Great North Run）、新西兰奥克兰的环海湾比赛（Round the Bays）、澳大利亚悉尼的城市冲浪赛（City2surf）、美国华盛顿斯波坎地区的花开之日 12 公里赛（Bloomsday 12-k）、美国佐治亚州亚特兰大市的桃树公路赛（Peachtree Road Race）、旧金山市的海湾浪花赛（Bay to Breakers），当然还有很多别的地区的比赛。这些比赛吸引了无数跑步初学者以及已经参加比赛很多年的人。很少参与者会关心你完成比赛的时间是多少，他们只是对参与比赛感兴趣。

这样的赛事还具有教育作用。比赛之前，专业的跑步者、医生和生理学家会在跑步诊所举行各种跑步相关话题的论坛。而且，跑步装备制造商常常会设立摊位来推广他们的产品，所以比赛还兼有展销会和会议的作用。

尽管只有一人能够第一个穿过终点线，但是大家都有一个共识，那就是重在参与，任何一个完成比赛的人都是赢家。而且，现在很多比赛分成了不同的组，这样可以允许参与者尝试挑战那些和他们一样年纪的跑步者。举例来说，你可能总排名是第 62 或者第 178 名，但是在 45~50 岁组里面你的排名可能就上升到第 5 名。当然你不一定要被卷入竞争当中——只管尽情享受吧。

你可能也想体验不同的距离。很多赛事都有 5 公里和 10 公里的“乐趣跑步”。如果你发现自己乐于参与其中的话，你可以参加《马拉松和半程马拉松：初学者指南》中概述的半程马拉松训练计划，然后可能参加更长距离的跑步比赛。但是在严格进行这种训练之前，你要确认你是真的想要参加长距离的跑步比赛。并不是每个人都适合跑马拉松，就像不是每个攀登者都需要爬珠穆朗玛峰一样。如果你参加了一个超出自己能力的跑步比赛，半途中因为恶心和痉挛而不得不退出比赛，你很可能再也不想接触跑步了。你也会把自己置身于受伤的风险当中。最好的战略是选择一个可以比较舒服地完成的比赛。

动力是参加比赛最大的理由之一——或许也是最好的一个。在日历上标上比赛日期可以激励你系上鞋带去跑步，即使你其实不想穿上跑鞋而是想坐下来。告诉了所有的朋友你准备去参加比赛后，你不会希望当每个人问你比赛怎么样时，不得不解释说“感觉不喜欢它”。在比赛时，成功也能够带来新的成功。如果比赛结果不错，你会更有动力去艰苦训练，下一次甚至会做得更好。

如果你做过交叉训练，或许想挑战铁人两项赛或者铁人三项赛。正如它们的名字暗示的那样，这些比赛包括不止一种体育活动。铁人两项赛通常由跑步和骑自行车组成。在铁人三项赛中，最开始是游泳，然后骑自行车，最后是跑步。这些赛事的长度和那些跑步赛事一样，有很大的不同。一个短距离的铁人两项赛可能由 5 公里跑步加上 20 公里的骑车，再加上一个 5 公里跑步组成。而一个铁人三项赛可能包括一个 4 公里的游泳，一个 180 公里的骑自行车，然后一个 42 公里的全程马拉松。也只有参加这样的运动的人才能被称为铁人。

慈善跑步

参加慈善跑步是保持动力的极好方法。你可以参与行走和跑步，然后为各种慈善活动募款，比如健康慈善活动，包括救助癌症患者、资助贫困者等。举例来说，“为治疗而跑步”（Run for the Cure）是加拿大一个全国性的 10 公里跑步活动，已经为支持乳腺癌的研究募集了几百万美元。这些比赛可以帮助热心人通过跑步来达到两个目的：完成训练目标并支持他们所信任的募捐项目。慈善跑步有两种参与方式，一种是你确保能在比赛中获得比较好的名次，然后把奖金以慈善的名义捐赠出去，另一种是联系慈善机构，然后在主要的跑步赛事中为他们的官方队伍跑步。

慈善组织会预购名额以保证一些跑步者有参赛的资格。作为交换，跑步者要同意捐赠少量的钱（上限为 2500 美元）。跑步者可以收到参加比赛的入场券以及一些关于比赛前训练的建议，还有专属的队服和跑道周围来自慈善组织成员的加油声。你有了属于自己的啦啦队，这种差别会让你大吃一惊的！甚至在你的身体已经疲劳的情况下，这些支持和鼓励仍然可以让你保持动力直到结束。

慈善组织也可以通过给每位跑步者建立一个个人主页的办法来获得跑步者的朋友和家人的资助。你可以在主页上添加照片、训练日志、最喜欢的慈善项目——或许是你个人对癌症幸存者的资助或者对身患绝症的孩子的帮助。你也可以在网页上列出赛事信息，诸如跑步路线、理想的加油地点、募集资金的日期、比赛目标、基金目标、路线长度，以及一些特别的评论等。

林恩

林恩是颇费了一番周折才开始跑步的，但是她说现在一旦开始了，就不准备再停下来了。“当我开始跑步后，我想遇见能和我分享相同兴趣的人。”这名 29 岁的营养师说。作为一个有竞争力的游泳者，林恩不仅想结交新朋友，而且想结交一些和她一样健康有活力的人。她听说了一家跑步诊所，然后就报名了。

“那真是一个很棒的体验，我遇见了很多不一样的人。他们现在是我的朋友了，如果我不跑步，根本不可能像现在这样。我们有一个跑步俱乐部，每周六会碰头。”林恩还通过别的运动来辅助她的跑步锻炼，比如游泳和单排轮滑。“我的目标是平衡，因为这样似乎更适合我的生活方式。做别的运动还有一些健康方面的考量。同样，如果我一直跑步而不做别的事情，我也会厌烦。”

世界范围有1007个10公里跑步赛事。每年北美各地有超过250项慈善跑步比赛。

保持活力

不管你是不是要参加比赛，也不管你是不是希望继续跑步，完成这项13周跑步行走计划都会帮助你提高健身水平，获得别人的称赞和锻炼的乐趣。还有很多关于健身，尤其是跑步的知识，你可以继续通过读书、参加会议和赛事、注册研讨会、加入跑步组织或者只是和有相同兴趣的朋友聊天来获得。

不管你决定做什么，都要尝试把锻炼作为生活的一部分。它会让你变得更高兴更健康，这也是你值得去坚持的理由。为了帮助你作接下来的规划，下面是一些场景设想，如果你发现自己身处其中，便可以按照建议接着往后做。选择一个对你来说合适的吧。

1. 我成功完成了这项13周跑步行走计划！

太棒了！为了巩固你新建立起来的跑步健身成果，在你决定下一个挑战之前继续按照下面的建议保持跑步1个月。

• 第1周：

第1天20分钟。

第2天40分钟。

第 3 天 60 分钟。

• 第 2 周：

第 1 天 20 分钟。

第 2 天 30 分钟。

第 3 天 40 分钟。

至少再重复 2 周这样的训练。

2. 我完成了这项 13 周跑步行走计划，但感觉有些困难。

很多人都会发生这种情况。重新做这项 13 周的跑步行走训练，但是不要回到最开始，而是从第 5 周开始。这样你可以重复后面 8 周的训练，巩固你的 10 公里跑步的成果。

3. 我完成了这项计划并且参加了一个 10 公里跑步赛事，我想继续体验下一次的跑步行走赛事。

祝贺！从网上的跑步赛事日历中你可以找到下一次赛事。你会发现世界各地都有你可以考虑参加的赛事！如果你想有一些变化的话，可以考虑跑 3 公里、5 公里、10 公里等不同的距离，或者参加越野跑。不管你参加什么赛事，都要考虑支持一下你最喜欢的慈善活动。

4. 我想跑得更快一些！

太好了！在开始“13 周快跑计划”（见附录 C）前，按下面的建议跑 1 个月来巩固你的跑步健身成果。

• 第 1 周：

第 1 天 20 分钟。

第 2 天 40 分钟。

第 3 天 60 分钟。

• 第 2 周：

第 1 天 20 分钟。

第 2 天 30 分钟。

第 3 天 40 分钟。

至少再重复 2 周这样的训练。

5. 我想跑得更远！

这是正常的想法。如果你比较舒服地完成了 10 公里距离的跑步，你就可以开始准备踏上半程马拉松的旅程了，可以在第 14 周开始不列颠哥伦比亚运动医学理事会的半程马拉松计划。在你开始之前，和你的家人和朋友交谈，以获取他们的支持。为了完成半程马拉松训练，相对于 13 周跑步行走计划，每周你同样训练 3 次，但是每次需要 2 倍的时间。你可能会因为增加的训练量而感觉更疲倦。在你开始之前，去医生那儿做一下体检，确保你是健康的，而且没有可能因更长距离的跑步加剧的潜在疼痛和痛苦。

6. 我现在想去参加一次马拉松！

如果你毫无困难地完成了 13 周跑步行走计划，这是一个非常棒的想法。但是我们建议你谨慎一些，你可以从不列颠哥伦比亚运动医学理事会的半程马拉松计划开始（参看《马拉松和半程马拉松：初学者指南》）。它能帮助你逐步增加你的耐力，让身体习惯于冲击，让你远离受伤。

7. 我感觉行走要比跑步舒服一些。

重新开始 13 周跑步行走训练计划，选择跑步行走选项，它包含 10 分钟的跑步加上 1 分钟的行走。如果你上次已经完成了计划中的跑步选项，你将感觉 10 公里的跑步行走训练选项是多么容易。许多人一直坚持“10+1”的训练，而且用这样的训练方式完成了马拉松和别的长距离比赛。

8. 我想继续跑步，但是我 1 周只能保证 2 天的跑步时间。

这没有问题。你可以通过 1 周跑 2 次的方式来维持你的跑步健身水平：一天跑 20~30 分钟，另一天跑 30~40 分钟。可以考虑再增加一天的有氧活动——游泳或者泳池跑步、骑车、快走、越野滑雪、用椭圆训练机——来保持你目前的健身水平。

9. 我想在我的健身内容中加一些上身训练。

这是一个好主意。每周增加 1~2 次的非承重和体能训练活动，比如普拉提、瑜伽、太极或气功。

10. 我想在日常的训练中增加跳舞课。

增加承重（冲击）力量训练和（或）有氧活动总的来说是一个好主意！你已经达到了基本的健身水平，可以尝试任何活动。唯一的衡量标准是你自己的感觉。

11. 我只想跑步，没有兴趣参加其他任何运动。

这没有问题。跑会让你获得全身的力量和健康，但是，从长远来看，如果你的运动没有变化的话，你会有由于过度锻炼而受伤的风险。如果这种情况发生了，你可以在那时选择增加一些别的运动。

12．在我的运动计划中，我喜欢多样性甚于跑步。

有这种想法的不止你一个人。多样性可以让锻炼变得有趣，而且可以鼓励你坚持下去。根据一周你想训练几天，下面有一些优化多样性的建议。

- 3 天 / 周：2 天跑步，1 天做别的有氧活动。
- 4 天 / 周：2 天跑步，1 天承重力量训练，1 天做别的有氧活动。
- 5 天 / 周：2 天跑步，2 天承重力量训练，1 天做别的有氧活动。
- 6 天 / 周：3 天跑步，2 天承重力量训练，1 天做别的有氧活动。

安迪

安迪身高 1.8 米，重 99 公斤。在开始他的第一个半程马拉松之前，这个 40 岁的男人担心他巨大的体型会阻碍他达到目标。安迪曾经一直认为马拉松只适合那些极其瘦削的人。但是，通过 13 周跑步行走计划以及本地跑鞋店店员的帮忙，安迪重新安排了 13 周的计划，新的计划不再是为 10 公里比赛而作准备的，他每周末要跑更长的距离来为 21 公里的半程马拉松作准备。安迪的另外一个动力来自他的朋友赛斯，他最近刚经过了一次生死考验，接受了肝脏移植手术，并刚刚完成了全程马拉松。

安迪的决心和毅力帮助他完成了半程马拉松训练计划。他非常顺利地完成了比赛，时间要比自己预计的少得多。安迪的下一个跑步目标是和他的朋友赛斯一起完成一个全程马拉松。

13. 我想每天都锻炼。

让自己休息一下。你的身体一周至少要休息一天，即使是积极的休息比如遛狗也是可以的。另外，在你的计划中安排好休假也非常重要：1 年至少安排 2 周，这段时间你不必锻炼——或者至少不是纳入计划的锻炼活动。当你回来后，你会感觉重新有了动力。一个很好的方式是计划一个“目的地”比赛，赛事完成后在那儿休假。你会感觉像是获得了舒舒服服地放松的权利。

14. 每周训练示例——针对有活力的人。

周一：45 分钟跑步（在公园的小路上）。

周二：25 分钟游泳（自由式）。

周三：50 分钟跑步（稳定的步伐）。

周四：承重力量训练课（10 种锻炼方式，3 组）。

周五：45 分钟跑步（变化的步伐）。

周六：承重力量训练课（10 种锻炼方式，3 组）。

周日：休息。

在被调查者中，68% 的跑步行走参与者也参加了别的体育活动和运动。

小结

1. 通过 1 周 3 次有氧锻炼，每次 30~40 分钟，你很容易保持 13

周跑步行走计划后的心血管健康水平。

2. 间歇训练、节奏训练、山地训练和法特雷克训练是4种用来增强力量和改善速度的跑步训练方法。

3. 参加比赛是一种可以让你保持动力、享受乐趣、遇见其他跑步者、对体育了解更多以及发现新地方的非常好的方法。

4. 慈善跑步可以让你在保持健康的同时为公共事业做贡献。

5. 13周跑步行走计划只是你充满活力的生活方式的开始。继续执行这个计划或者适当调整以适合你的时间、目标和兴趣。

附录 A

拉伸锻炼

下面会有一些针对跑步和行走中要用到的肌肉群的拉伸动作。这些拉伸动作可以用来指导你设立自己的计划。我们推荐你从小腿到肩膀（反过来也可以）进行系统的拉伸。

在拉伸之前，要在原地放松地慢跑 5~10 分钟，让肌肉热起来。然后开始训练前拉伸准备。每个位置（不要回弹）保持大概 10 秒。拉伸不要超过 3~5 分钟。

在训练结束后，要用相同的拉伸活动来让自己放松。如果你想改善自己的柔韧性，拉伸时间要延长一些——每个动作保持 15 秒到 3 分钟——重复每个动作 2~3 次。对于感觉最紧绷的区域要特别小心；对于跑步者来说，这些地方通常为下背部、腿筋和小腿。

小腿

面朝墙站立，距离墙的距离为一个手臂的长度再加上 15 厘米。

左脚往前迈，落在你和墙的中间，弯曲左膝盖同时伸直右腿。

往墙的方向倾斜，用前臂作为支撑，踮起你的右后脚跟以保持头部、颈部、脊柱、骨盆和右腿在一条直线上。

呼气，把你的重心朝墙的方向移动，同时将右后脚跟下压，进一步弯曲左膝盖。

保持这个拉伸动作，放松。

换腿重复这个拉伸动作。

腿筋

这个动作需要借助一道门。

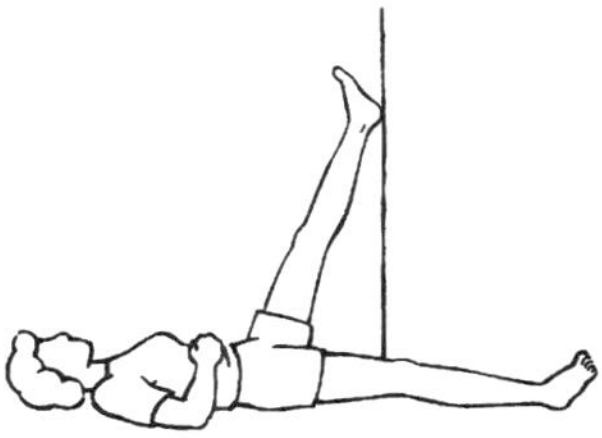

躺平，让髋关节稍微在门框的前面，同时让右大腿下半部分的内侧靠在门框的边上。

保持右腿以伸直的状态平躺在地面，呼气，抬起左腿，直到脚后跟可以靠在门框上面。不要弯曲左膝盖。

保持这个拉伸动作，放松。

为了进一步拉伸，让你的臀部往门框靠得近一些，或者把左腿抬升离开门框，让左腿和身体成直角。

换腿重复这个拉伸动作。

髂胫束

身体左侧对墙直立，距墙一臂远，双脚并拢。

伸直左臂，与肩同高，这时你的手掌刚好是对着墙面的，整个人朝墙倾斜过去。

把右手放在右髋关节上。

呼气，保持两腿伸直，收紧臀部，然后左髋关节往墙的方向移动，直到你感觉到你左腿向外侧的拉伸力。

保持这个拉伸动作，放松。

换右边重复这个拉伸动作。

股四头肌

如果这个拉伸动作导致膝关节疼痛，那么不要做这个动作。

面对墙站立，与墙保持一臂的距离。右手靠墙来保持平衡。

左手从身后抓住左脚。

稍微弯曲一下右膝，确保腰背部是挺直的。

把左脚朝臀部拉。

保持这个动作，放松。

换腿重复这个拉伸动作。

腹股沟

背朝墙坐在地面上。

弯曲膝关节，置于身体的两侧，两个脚掌相对。

双手抓住踝关节，并把脚后跟往臀部方向

拉伸。

把胳膊肘搁在大腿上。

把膝关节轻轻往地面压，直到能感觉腹股沟的拉伸。

保持这个动作，放松。

髋屈曲肌

（对于那些不能跪立的人来说，这个锻炼可以采用坐在凳子边缘的方式来完成，仍然按照图中所示的动作，但膝关节不要接触地面。）

双脚并拢站立，然后左脚往前跨出一步。

弯曲左膝盖，让身体慢慢下沉，直到你的右膝关节与地面接触，左脚后跟平放在地板上。

把双手放在左膝盖上，保持膝关节不要弯曲超过 90 度。

对一些人来说，这个位置已经足够了。如果你希望增强柔韧性的话，在呼气的同时往前推左髋关节以增加左侧的拉伸程度。

保持这个拉伸动作，放松。

换腿重复这个拉伸动作。

臀肌

仰面平躺，两腿伸直，手臂在身体外侧打开。

弯曲左膝关节，朝胸部抬起，用

右手去抓左大腿或膝盖。

保持头部、肩膀以及胳膊肘紧挨地面。

向地面方向牵引左膝关节并让它从右腿上交叉而过，同时呼气。

保持这个拉伸动作，放松。

换腿重复这个拉伸动作。

腰背部

仰面平躺，膝关节弯曲成90度，手臂在身体两侧打开。

呼气，慢慢把双膝放在身体的左侧。

让肘、头和肩膀平贴在地面上。

保持这个姿势，放松。

换一边重复这个拉伸动作。

腰背部

仰面平躺，双腿伸直。

屈膝，让脚后跟靠近臀部。

用双手握住膝关节内侧。（至于你的双膝是否并紧并不重要，舒适就好。）

呼气，把膝关节向胸部拉伸，慢慢把髋关节抬离地面，同时头和肩膀不要离开地面。

保持这个姿势，放松。

肩膀

坐在凳子上，把右臂抬到与肩同高的位置。

把右手放到左肩的后面，保持肘部和肩同高。

用左手抓住右肘。

呼气，把右肘往左肩膀方向推拉。

保持这个动作，放松。

换左臂重复这个拉伸动作。

力量训练

任何年龄段和水平的跑步者都能从力量训练中受益。下面是力量训练的一些示例。

在开始新的练习之前，就制订训练计划咨询有专业经验的人。每周要争取做 2~3 次力量训练。

以合适的热身活动来开始你的训练：一些低强度的有氧活动比如原地自行车、行走或者轻松的慢跑，接下来是轻度的拉伸。然后，在做下身训练时携带比较轻的重物。多轻？咨询专家看看多大重量对于你来说是合适的。如果你没有人可以请教的话，要确保你几乎不费什么力气就能够举起该重物 10 次。宁可谨慎一些。

一般来说，每次锻炼以 1~2 组的 10~15 次重复动作来开始——最开始时以最小数量重复，再逐步增加到最大数量的重复。当你变得更自信、更有竞争力时，逐步增加重量或者阻力。

下身训练

弓步

直立，双手放在髋关节上，两脚与肩同宽。

仰头挺胸。

左腿向前慢慢迈出一步。左膝关节弯曲，让身体向前向下移动，这样你的重心会落在这个膝关节上。确保膝盖没有超过脚趾。右腿放松，稍微弯曲一点让你的右膝关节几乎与地面接触。然后再退一步回到开始的位置。

在往前迈步的同时呼气，回到开始的位置时吸气。

换腿重复这个动作。

向上迈步

双脚与肩同宽站立。

保持背部与头部挺直，抬头，双眼直视前方。

左腿跨上一条长椅、盒子或者别的稳定的平台。

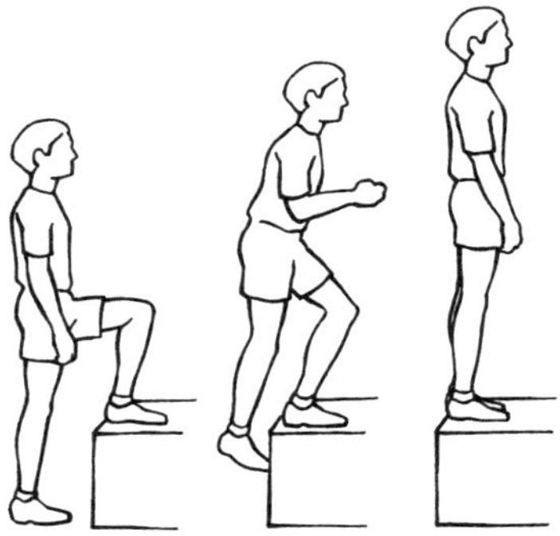

平台的高度取决于你的力量和健身水平，最大高度不要超过你的大腿骨与地面平行时脚的高度。

一旦你的左脚牢实地站在平台上，就向前移动髋关节，只用你的左腿跨上平台，直到你完全站在平台上。

后面的那条腿也跟上来。

跨下平台，先左腿，然后右腿。

重复跨左腿的动作 10 次，再做 10 次跨右腿的动作。

记住在上跨的时候呼气，在下跨的时候吸气。

下蹲

双脚与肩同宽站立。

保持背部挺直，慢慢向后下方移动髋关节直到你的股骨与地面平行。

在下蹲的时候，膝关节不应该超过你的脚趾，同时头部应该位于中间，两眼要直视前方。

慢慢回到站立姿势，然后再重复这个动作。

直立的时候呼气，下蹲的时候吸气。

腹部锻炼

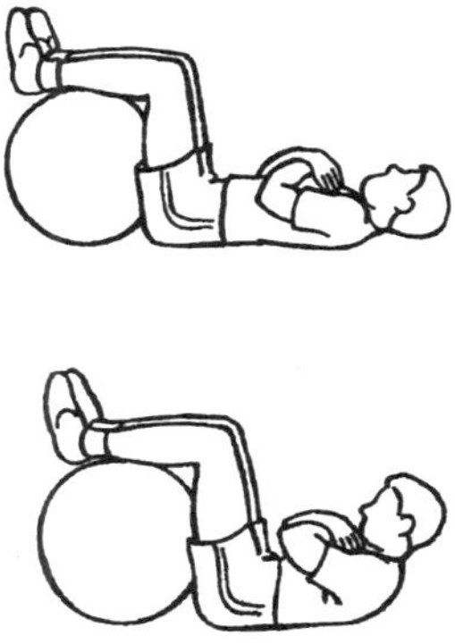

仰卧起坐

仰面躺在地上，把小腿放在健身球（或者椅子）上。

调整自己的身体，让大腿与上身成 90 度角。

双臂交叉放在胸前，往臀部方向蜷曲身体，直到上背部离开地面。慢慢回到初始位置。注意不要让上身猛地弹起。

上身蜷曲的时候呼气，回到初始位置的时候吸气。

上身锻炼

肩臂推举

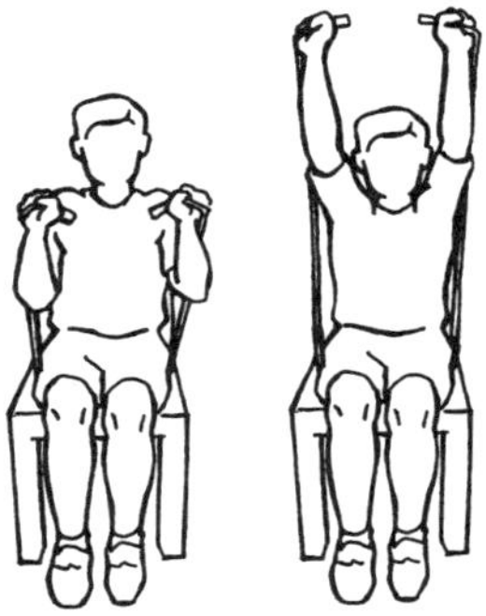

坐在椅子上，双脚位于膝关节的前面，背部不和椅背接触。

保持背部挺直，抬头，双眼直视前方。

坐在一根弹性带的中间，两手分别握住带子的一端。

两手同时举过头顶直到完全展开。

让手回到与肩同高的位置，在带子的作用下手臂成“V”字形。

在这个动作中手应该始终保持手掌向前。

重复这个过程 10 次。

在举手的过程中呼气，在手回到与肩同高的过程中吸气。

你可以通过增强或者减弱带子的弹性来调整它的阻力。

高拉力

坐在椅子上，双脚位于膝关节的前面，背部不和椅背接触。

保持背部挺直，抬头，双眼直视前方。

将弹性带两端对齐挂到头顶的物体

（比如一个衣帽钩）上，两手分别抓住带子的一端。

初始姿势为手臂伸直，双手位于头顶上方，手掌向前，往下拉弹性带，直到双手下降到肩膀的高度。

慢慢释放拉力，让弹性带把双手拉回到头顶的位置。

重复这个过程 10 次。

在下拉的过程中呼气，松手的过程中吸气。

你可以通过增强或者减弱带子的弹性来调整它的阻力。

胸部推举

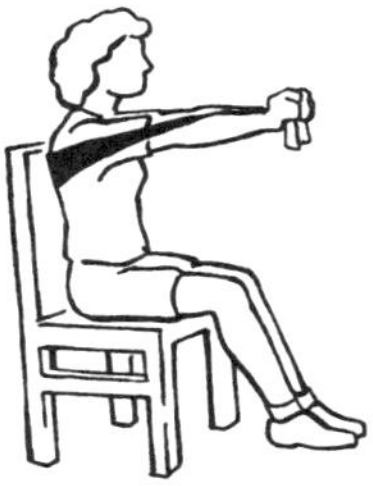

坐在椅子上，双脚位于膝关节的前面，背部不和椅背接触。

保持背部挺直，抬头，双眼直视前方。

将一根弹性带绕在背后，两手分别抓住带子的一端。

双手和胸部同高，手掌朝前，向前推（水平方向），直到双臂完全展开。

慢慢释放拉力，让弹性带把双手带回到胸部。

重复这个过程 10 次。

在往前推的过程中呼气，释放拉力的过程中吸气。

你可以通过增强或者减弱带子的弹性来调整它的阻力。

坐姿划船

坐在椅子上，双脚位于膝关节的前面，背部不和椅背接触。

保持背部挺直，抬头，双眼直视前方。

将一根弹性带的中间穿过你正前方的物体（比如门把手、桌腿等），两手分别抓住带子的一端。

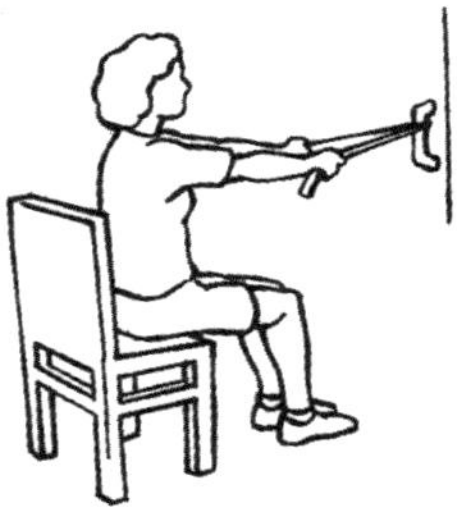

开始姿势为双臂水平伸展，手掌向下。

把双手拉回到胸部中间。

慢慢释放拉力，让弹性带把双手带回到完全伸展的水平位置。

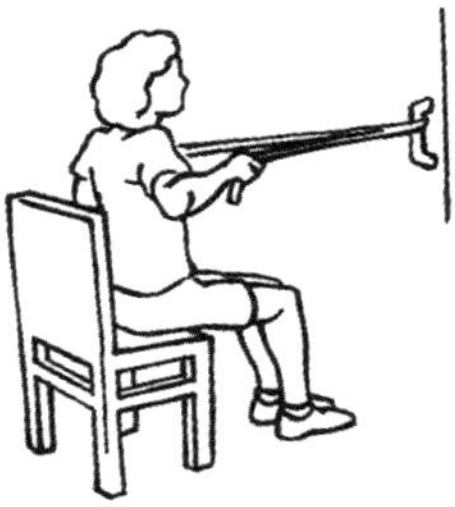

重复这个过程 10 次。

在往后拉的过程中呼气，释放拉力的过程中吸气。

你可以通过增强或者减弱带子的弹性来调整它的阻力。

附录 B

13 周跑步行走保持计划

这项计划是为那些已经完成了 13 周跑步行走计划且想继续通过锻炼来保持健身水平的人而设计的。你可以选择执行这个计划，或者作一些调整，或者与别的计划一起来使用。不管选择哪个，都要记住：如果你有一个具体的训练计划可以遵循的话，保持健身水平的可能性就大一些。

和本书中其他的计划一样，每周你有 3 次训练课。最好把这些课程分散安排在一周的时间里，这样两个训练课之间至少有一天的休息时间。大多数训练课程需要花费大概 1 个小时。

注意这项计划中每节训练课显示的时间并不包括 5 分钟的热身时间和 5 分钟的训练后放松时间。确保在你的计划中为这些关键的训练组成部分留有额外的时间。

第 1 周

□ 第 1 课（42 分钟）

跑步 4 分钟。行走 2 分钟。共做 7 次。

□ 第 2 课（48 分钟）

跑步 4 分钟。行走 2 分钟。共做 8 次。

□ 第 3 课（48 分钟）

跑步 4 分钟。行走 2 分钟。共做 8 次。

第 2 周

□ 第 1 课（42 分钟）

跑步 5 分钟。行走 1 分钟。共做 7 次。

□ 第 2 课（48 分钟）

跑步 5 分钟。行走 1 分钟。共做 8 次。

□ 第 3 课（54 分钟）

跑步 5 分钟。行走 1 分钟。共做 9 次。

第 3 周

□ 第 1 课（45 分钟）

跑步 7 分钟。行走 2 分钟。共做 5 次。

□ 第 2 课（45 分钟）

跑步 7 分钟。行走 2 分钟。共做 5 次。

□ 第 3 课（54 分钟）

跑步 7 分钟。行走 2 分钟。共做 6 次。

第 4 周

□ 第 1 课（44 分钟）

跑步 10 分钟。行走 1 分钟。共做 4 次。

□ 第 2 课（52 分钟）

跑步 12 分钟。行走 1 分钟。共做 4 次。

□ 第 3 课（44 分钟）

跑步 10 分钟。行走 1 分钟。共做 4 次。

第 5 周

□ 第 1 课（48 分钟）

跑步 15 分钟。行走 1 分钟。共做 3 次。

□ 第 2 课（51 分钟）

跑步 16 分钟。行走 1 分钟。共做 3 次。

□ 第 3 课（54 分钟）

跑步 17 分钟。行走 1 分钟。共做 3 次。

第 6 周

□ 第 1 课（41 分钟）

跑步 20 分钟。行走 1 分钟。跑步 20 分钟。

□ 第 2 课（43 分钟）

跑步 22 分钟。行走 1 分钟。跑步 20 分钟。

□ 第 3 课（43 分钟）

跑步 22 分钟。行走 1 分钟。跑步 20 分钟。

第 7 周

☐ 第 1 课（30 分钟）

跑步 30 分钟。

☐ 第 2 课（30 分钟）

跑步 30 分钟。

☐ 第 3 课（35 分钟）

跑步 35 分钟。

第 8 周

☐ 第 1 课（33 分钟）

跑步 33 分钟。

☐ 第 2 课（30 分钟）

跑步 30 分钟。

☐ 第 3 课（35 分钟）

跑步 35 分钟。

第 9 周

☐ 第 1 课（41 分钟）

跑步 30 分钟。行走 1 分钟。跑步 10 分钟。

☐ 第 2 课（46 分钟）

跑步 30 分钟。行走 1 分钟。跑步 15 分钟。

☐ 第 3 课（46 分钟）

跑步 30 分钟。行走 1 分钟。跑步 15 分钟。

第 10 周

☐ 第 1 课（46 分钟）

跑步 35 分钟。行走 1 分钟。跑步 10 分钟。

☐ 第 2 课（51 分钟）

跑步 30 分钟。行走 1 分钟。跑步 20 分钟。

☐ 第 3 课（51 分钟）

跑步 30 分钟。行走 1 分钟。跑步 20 分钟。

第 11 周

☐ 第 1 课（40 分钟）

跑步 40 分钟。

☐ 第 2 课（45 分钟）

跑步 45 分钟。

☐ 第 3 课（40 分钟）

跑步 40 分钟。

第 12 周

☐ 第 1 课（56 分钟）

跑步 45 分钟。行走 1 分钟。跑步 10 分钟。

☐ 第 2 课（61 分钟）

跑步 45 分钟。行走 1 分钟。跑步 15 分钟。

☐ 第 3 课（40 分钟）

跑步 24 分钟。行走 1 分钟。跑步 15 分钟。

第 13 周

□ 第 1 课（35 分钟）

跑步 35 分钟。

□ 第 2 课（40 分钟）

跑步 40 分钟。

□ 第 3 课（60 分钟）

完成一个 10 公里赛事（如果这是你的目标的话），或者跑 60 分钟。

附录 C

13 周快跑计划

这项计划是为那些已经完成 13 周跑步行走计划且想要以安全有效的方式来增加他们跑步耐力和强度的人而设计的。任何执行这个计划的人都应该确保在任意两次跑步训练课之间有一天的休息（或者交叉训练）时间。

注意：要确保在每次训练课上完成预定的热身和锻炼后的放松活动。它们是你训练的关键组成部分。

第 1 周

□ 第 1 课（44 分钟）

热身：慢跑 10 分钟。

轻快地跑 3 分钟。慢跑 2 分钟。

轻快地跑 2 分钟。慢跑 2 分钟。

轻快地跑 1 分钟。慢跑 2 分钟。

共做 2 次。

放松：慢跑 10 分钟。

□ 第 2 课（30 分钟）

热身：慢跑 5 分钟。

跑 20 分钟。

放松：慢跑 5 分钟。

□ 第 3 课（35 分钟）

热身：慢跑 5 分钟。

跑 25 分钟。

放松：慢跑 5 分钟。

注意："轻快地跑"意味着你应该不能一次说超过两句话。多于两句表明你跑得太慢了，少于两句说明你跑得太快了。

第 2 周

□ 第 1 课（44 分钟）

热身：慢跑 10 分钟。

轻快地跑 2 分钟。慢跑 2 分钟。共做 6 次。

放松：慢跑 10 分钟。

□ 第 2 课（30 分钟）

热身：慢跑 5 分钟。

跑 20 分钟。

放松：慢跑 5 分钟。

□ 第 3 课（40 分钟）

热身：慢跑 5 分钟。

跑 30 分钟。

放松：慢跑 5 分钟。

第 3 周

□ 第 1 课（50 分钟）

热身：慢跑 10 分钟。

轻快地跑 1 分钟。慢跑 2 分钟。这样做 10 次。

放松：慢跑 10 分钟。

□ 第 2 课（30 分钟）

热身：慢跑 5 分钟。

跑 20 分钟。

放松：慢跑 5 分钟。

□ 第 3 课（45 分钟）

热身：慢跑 5 分钟。

跑 35 分钟。

放松：慢跑 5 分钟。

第 4 周（恢复周）

□ 第 1 课（45 分钟）
热身：慢跑 10 分钟。
跑 25 分钟。
放松：慢跑 10 分钟。

□ 第 2 课（30 分钟）
热身：慢跑 5 分钟。
跑 20 分钟。
放松：慢跑 5 分钟。

□ 第 3 课（40 分钟）
热身：慢跑 5 分钟。
跑 30 分钟。
放松：慢跑 5 分钟。

第 5 周

□ 第 1 课（55 分钟）
热身：慢跑 10 分钟。
轻快地跑 5 分钟。慢跑 2 分钟。共做 5 次。
放松：慢跑 10 分钟。

□ 第 2 课（30 分钟）
热身：慢跑 5 分钟。
跑 20 分钟。
放松：慢跑 5 分钟。

☐ 第 3 课（40~50 分钟）
热身：慢跑 5 分钟。
跑 30~40 分钟。
放松：慢跑 5 分钟。

现在你开始更好地认识作为跑步者的自己了。在第 2、3 次训练课上，你可以根据自己的感觉对距离作轻微调整。享受一些自由吧，但是要控制在建议的时间内，如果你是一个初学者，请选择更短的时间。

第 6 周

☐ 第 1 课（60 分钟）
热身：慢跑 10 分钟。
跑 40 分钟（采用变换步伐的法特雷克训练法）。
放松：慢跑 10 分钟。

☐ 第 2 课（30~40 分钟）
热身：慢跑 5 分钟。
跑 20~30 分钟。
放松：慢跑 5 分钟。

☐ 第 3 课（40~50 分钟）
热身：慢跑 5 分钟。
跑 30~40 分钟。
放松：慢跑 5 分钟。

Fartlek 是一个瑞典单词，意为“速度游戏”。享受这种锻炼方式的乐趣吧。在不同的区段尝试不同的速度和距离。怎么样都可以：可以

是少于或等于一分钟的短区段，当你感觉有能力的时候也可以采用更长的区段。区段之间采用慢跑来恢复。你甚至可以做一些像仰卧起坐和俯卧撑之类的锻炼。

第7周

☐ 第1课（大概50分钟，或者以跑10公里距离的速度跑5公里）
热身：慢跑10分钟。
跑30分钟或者跑5公里。
放松：慢跑10分钟。

☐ 第2课（30~40分钟）
热身：慢跑5分钟。
跑20~30分钟。
放松：慢跑5分钟。

☐ 第3课（50~60分钟）
热身：慢跑5分钟。
跑40~50分钟。
放松：慢跑5分钟。

第8周（恢复周）

☐ 第1课（60分钟）
热身：慢跑10分钟。
跑40分钟。
放松：慢跑10分钟。

☐ 第2课（30分钟）

热身：慢跑 5 分钟。

跑 20 分钟。

放松：慢跑 5 分钟。

□ 第 3 课（40 分钟）

热身：慢跑 5 分钟。

跑 30 分钟。

放松：慢跑 5 分钟。

第 9 周

□ 第 1 课（74 分钟）

热身：慢跑 10 分钟。

轻快地跑 5 分钟，慢跑 5 分钟。

轻快地跑 3 分钟，慢跑 2 分钟。

轻快地跑 1 分钟，慢跑 2 分钟。

共做 3 次。

放松：慢跑 10 分钟。

□ 第 2 课（30~40 分钟）

热身：慢跑 5 分钟。

跑 20~30 分钟。

放松：慢跑 5 分钟。

□ 第 3 课（50~60 分钟）

热身：慢跑 5 分钟。

跑 40~50 分钟。

放松：慢跑 5 分钟。

第 10 周

☐ 第 1 课（70 分钟）

热身：慢跑 10 分钟。

轻快地跑 3 分钟，慢跑 2 分钟。共做 10 次。

放松：慢跑 10 分钟。

☐ 第 2 课（30~40 分钟）

热身：慢跑 5 分钟。

跑 20~30 分钟。

放松：慢跑 5 分钟。

☐ 第 3 课（50~60 分钟）

热身：慢跑 5 分钟。

跑 40~50 分钟。

放松：慢跑 5 分钟。

第 11 周

☐ 第 1 课（64~76 分钟）

热身：慢跑 10 分钟。

山地跑选项：在 25 度的斜坡，往山上轻快地跑 1 分钟。慢跑下山。共做 8 次。

在同样的山上，往山上轻快地跑 30 秒钟。慢跑下山。共做 8 次。

非山地跑选项：轻快地跑 2 分钟。慢跑 2 分钟。共做 8 次。轻快地跑 1 分钟。慢跑 2 分钟。共做 8 次。

放松：慢跑 10 分钟。

☐ 第 2 课（40~50 分钟）

热身：慢跑 5 分钟。

跑 30~40 分钟。

放松：慢跑 5 分钟。

☐ 第 3 课（60~70 分钟）
热身：慢跑 5 分钟。
跑 50~60 分钟。
放松：慢跑 5 分钟。

第 12 周

☐ 第 1 课（60 分钟）
热身：慢跑 10 分钟。
跑 40 分钟。
放松：慢跑 10 分钟。

☐ 第 2 课（30~40 分钟）
热身：慢跑 5 分钟。
跑 20~30 分钟。
放松：慢跑 5 分钟。

☐ 第 3 课（40~50 分钟）
热身：慢跑 5 分钟。
跑 30~40 分钟。
放松：慢跑 5 分钟。

第 13 周（成功！）

☐ 第 1 课（44 分钟）
热身：慢跑 10 分钟。
轻快地跑 3 分钟。慢跑 2 分钟。
轻快地跑 2 分钟。慢跑 2 分钟。
轻快地跑 1 分钟。慢跑 2 分钟。
共做 2 次。
放松：慢跑 10 分钟。

□ 第 2 课（30 分钟）

热身：慢跑 5 分钟。

跑 20 分钟。

放松：慢跑 5 分钟。

□ 第 3 课（10 公里赛事日）

跟着你的感觉跑。

享受乐趣，注意开始不要跑得太快。

祝贺！

图书在版编目（CIP）数据

爱上跑步的13周 /（加）伊恩·麦克尼尔，加拿大不列颠哥伦比亚运动医学理事会著；潘小飞译. -- 2版. -- 海口：南海出版公司，2021.2
ISBN 978-7-5442-8768-5

Ⅰ. ①爱… Ⅱ. ①伊… ②加… ③潘… Ⅲ. ①跑－健身运动－基本知识 Ⅳ. ①G822

中国版本图书馆CIP数据核字(2020)第022628号

著作权合同登记号 图字：30-2013-201

爱上跑步的 13 周
〔加〕伊恩·麦克尼尔 加拿大不列颠哥伦比亚运动医学理事会 著
潘小飞 译

出　　版 南海出版公司 (0898)66568511
　　　　 海口市海秀中路51号星华大厦五楼 邮编 570206
发　　行 新经典发行有限公司
　　　　 电话(010)68423599 邮箱 editor@readinglife.com
经　　销 新华书店

责任编辑 马秀琴
特邀编辑 崔倩倩 李怡霏
营销编辑 程昊天 郎东芳
装帧设计 金 山 朱柳柳
内文制作 田晓波

印　　刷 山东韵杰文化科技有限公司
开　　本 640毫米×960毫米 1/16
印　　张 15
字　　数 114千
版　　次 2014年1月第1版 2021年2月第2版
印　　次 2021年2月第1次印刷
书　　号 ISBN 978-7-5442-8768-5
定　　价 59.00元